高职教育管理理论
与实践探索

刘亚静　谢　琴◎著

吉林出版集团股份有限公司

图书在版编目（CIP）数据

高职教育管理理论与实践探索 / 刘亚静，谢琴著
. 一 长春：吉林出版集团股份有限公司，2024.2
ISBN 978-7-5731-4656-4

Ⅰ. ①高… Ⅱ. ①刘… ②谢… Ⅲ. ①高等职业教育
一教育管理一研究一中国 Ⅳ. ①G719.2

中国国家版本馆 CIP 数据核字（2024）第 049909 号

高职教育管理理论与实践探索

GAOZHI JIAOYU GUANLI LILUN YU SHIJIAN TANSUO

著　　者　刘亚静　谢　琴

出版策划　崔文辉

责任编辑　杨　蕊

封面设计　文　一

出　　版　吉林出版集团股份有限公司

　　　　　（长春市福祉大路 5788 号，邮政编码：130118）

发　　行　吉林出版集团译文图书经营有限公司

　　　　　（http://shop34896900.taobao.com）

电　　话　总编办：0431-81629909　营销部：0431-81629880/81629900

印　　刷　廊坊市广阳区九洲印刷厂

开　　本　787mm×1092mm　　1/16

字　　数　220 千字

印　　张　13.5

版　　次　2024 年 2 月第 1 版

印　　次　2024 年 2 月第 1 次印刷

书　　号　ISBN 978-7-5731-4656-4

定　　价　78.00 元

如发现印装质量问题，影响阅读，请与印刷厂联系调换。电话：0316-2803040

前　言

随着我国经济和社会条件发生巨大变化，逐渐呈现出国际化、大众化、市场化、多样化的特点，高职教育在推进国民经济持续增长、实现产业转型升级中的作用日益凸显。高职教育的跨越式发展，不但促使硬件设施的全面提升，同时也提出了催生教育理念、管理思维、培养模式等的全面跟进。高职院校要实现科学发展，办出成效，办出活力，少走弯路，必须要有明确的战略指导。正视高职院校学生教育管理工作的发展变化和新要求，要主动转变和革新教育管理理念，是做好新形势下高职院校学生工作的基本出发点和根本宗旨。

在培养高素质应用型人才方面承担着重要的责任，在高等教育中发挥着重要的作用。高职教育的发展为我国高技术产业、现代制造业、现代农业和现代服务业不仅提供了强有力的人才支撑，而且还满足了企业对技术技能型和应用型人才的需求。高职教育是我国高等教育的重要组成部分，也是我国职业教育体系的组成部分。近年来，随着社会各界对高等教育管理研究的重视，学科建设、人才队伍建设等方面呈现出繁荣发展的景象。因此，对高职教育管理进行研究具有重要意义。

本书主要研究了高职教育管理方面的问题，涉及丰富的高职教育管理知识。主要内容包括教育管理与高职教育理论、高职教育管理分类实践、高职教育理论与实践教学、高职教育实践管理机制与组织结构、高职校内实训基地的建设、高职教育长效运行机制建设、高职教育的开放式教学、高职教育教学管理创新等。本书是作者长期从事高职教育教学和实践的结晶，在内容选取上既兼顾到知识的系统性，又考虑到可接受性，涉及面广，实用性强，兼具理论与实际应用价值，可供相关教育工作者参考和借鉴。

由于笔者水平有限，本书难免存在不妥甚至谬误之处，敬请广大学界同仁与读者朋友批评指正。

目　录

第一章　教育管理与高职教育的理论研究

第一节　教育管理的理论概述

管理与教育管理在教育管理学的概念体系中是第一层次的概念，对整个学科起着统领、架构的作用，它们也是本书最为重要的概念。准确表述相关概念是人们共同交流教育管理问题的基础。一般来说，概念是用最精练的语言讲出事物最本质的属性，这会让人快速抓住事物的核心内容，但也可能会给人们全面深入地理解事物带来一定难度，于是常常会辅以特点予以进一步说明概念。

一、管理及管理行为特点

教育管理的产生与发展离不开一般管理，对教育管理的理解不能脱离一般管理，只有对一般管理概念有了正确的认识，才能对教育管理有进一步的透彻理解。

（一）什么是管理

在管理学领域中，由于各学派都强调了各自的基本点和理论体系的差别，因而对"管理"这一基本概念的理解也就各异，出现了众说纷纭的局面。

古典管理理论的代表人物、法国管理学家亨利·法约尔（Henri Fayol）从职能角度认为："管理，就是实行计划、组织、指挥、协调和控制。"决策理论学派的代表人物赫伯特·A.西蒙（Herbert A.Simon）提出"管理就是决策"的观点，认为"将决策一词从广义上予以理解，它和管理一词同义"，并认为"管理过程就是决策过程"。哈罗德·孔茨（Harold Koontz）和海因茨·韦里克（Heinz Weihrich）认为："管理是设计保持一种良好环境，可以使人们在群体状态下高效率地完成既定目标的过程。"

还有一些学者认为，管理在社会组织中，处于主导和支配位置，人员可以通过组织、计划、协调、控制等方式，有效地配置和利用各种资源（包括人力资源），以实现组织目标的活动过程。管理是对组织的资源进行有效整合以达成组织既定目标与责任的动态创造性活动。管理能够通过对组织资源进行计划、组织、领导和控制协调，整合人们的工作，有效率地（Efficiently）、有效果地（Effectively）追求和实现组织目标的过程。管理（Management）就是要既有效率又有效益地实现组织目标所需要的人力资源或其他资源进行计划、组织、领导和控制。管理是确定如何最好地使用一个组织的资源去生产产品或提供服务的过程。

不同学派学者对管理从不同角度的解释，为我们正确理解"管理"的概念提供了一定的参考。如果我们从广泛而丰富的管理活动中抽取出最一般的本质规定性，可以给管理做这样的界定：管理是人们按照一定的科学原理和方法，有组织地对人力、财力、物力等资源不断地进行协调，去完成预定目标的活动。

（二）管理行为特点

这里主要阐述管理行为的四个特点：管理是一种理性行为；管理是进行合理组合；管理是进行整体优化；管理是求得组织与环境的平衡。

1. 管理是一种理性行为

管理虽然是由具有丰富感情的人来从事，有感性的一面，但是管理毕竟是一种理性行为，这种行为表现在：

（1）管理是实现组织目标的行为

管理是一种有目的的行为，它区别于无目的的休闲活动和各有打算的自由活动。管理是一种"去完成预定目标的活动"，即管理要围绕着某一个共同目标——组织目标进行活动，管理的结果就是要实现这个目标。没有目标就没有管理，管理是向目标逐步接近的过程。

管理的目标性行为，我们从管理的定义中就能够看到。"管理就是通过对人和资源的配置实现组织目标的过程。""管理就是通过计划、组织、领导和控制组织资源，以有效益和高效率的方式实现组织目标的过程。"

（2）管理是按照标准做事的行为

管理是主体对客体不断施加影响的活动，这种活动不能随心所欲地进行，必须要去按照一定的科学原理和方法进行管理，这是管理定义对这一活动的本质要求。否则管理活动将不会成功。

对管理行为的评价要有一定的标准。管理要做的事情之一就是进行控制，控制的前提是对管理行为进行评价。即对人力、财力、物力等资源的协调进行评价，对实现目标的情况进行评价，对从事管理活动的方法等进行评价，通过评价判断人们的行为是否偏离组织目标，然后再采取缩减偏离目标的活动。这样的评价不能只将某个人的判断作为定论，而是要有一定的客观标准。

2. 管理是进行合理组合

管理不是自己去生产或制造什么，而是把人、财、物等因素组合起来，使这些因素发挥各自的功能，从而能够达到生产或制造产品等目的。管理强调，管理者"通过安排他人完成工作任务实现组织目标，而无须事必躬亲"。一切社会性劳动，从简单的协作到社会化大生产，都表现为人、财、物、时空、信息等因素之间的结合。工人与机器、加工对象等因素相结合生产各种产品；农民与生产工具、土地等因素相结合种植粮食；教师与学生、教学内容、教学手段等相结合培养人才。那么管理者与各种管理因素相结合干什么呢？管理就是对人、财、物等因素进行组合工作。这些因素在缺乏管理的情况下只是可能的工作因素，而不能真正构成工作过程。正如卡尔·马克思（Kar Marx）所说："生产不论采用何种社会形式，劳动者和生产资料之中是生产的因素"。但这两种生产因素必须相互结合，才能有所生产。

当然，管理者所做的这种组合工作不是把人、财、物等因素进行简单的堆积，而是进行合理组合，即对管理中的各个要素进行合理的搭配。通过实施合理的搭配，使他们处于最佳位置，减少不必要的重复和无效的劳动，挖掘他们的潜力，使其发挥最大能量；使他们之间的关系也处于最佳状态，减少人员之间的相互摩擦及内耗现象，从而对系统的功能起到高倍放大的作用。

3. 管理是进行整体优化

整体优化是指管理工作要围绕整体目标，来提高整体功能，使整体功能大于各个部分功能之和。整体是系统的基本属性。但是系统理论认为：任何系统的整体功能，等于各部分功能之和加上各部分相互联系形成结构所产生的功能。"三个臭皮匠，顶个诸葛亮"就是典型的整体优化例子，而"一个和尚挑水吃，两个和尚抬水吃，三个和尚没水吃"则是典型的非整体优化例子。

按照系统理论的观点，从功能的意义上讲，系统作为一个整体又具有其各组成部分所不具备的功能，整体不等于各部分简单相加。这个原理最初是由古希腊伟大的哲学家和思想家亚里士多德（Aristot）提出的，即"整体大于它的各个部分的和"。例如，一所学校的整体功能不仅仅是教务处、总务处等机构的功能之和，除了这些机构的功能之和外，还要加上这些机构相互联系形成结构所产生的联合功能。若学校管理得当，联合功能大于零，则整体大于各部分功能之和，就实现了整体优化。否则，学校管理不到位，很可能产生非整体优化的局面。管理就是要进行整体优化。

首先，必须提高系统中各要素的质量。构成系统的要素有不同的性质与功能，它们对增大系统功能、实现整体优化起着重要作用。一方面，系统的要素质量高、功能强，整体功能就会强；另一方面，高质量的要素会主动按合理的秩序形成有机集合体，从而产生一种更大的新功能。例如，教师、学生、教学内容和教学手段是组成教学系统的基本要素。在一般情况下，四个要素质量高，那么教学质量也高。

其次，合理组织系统中的各个要素。选择最优的要素组成系统，这虽有可能实现整体优化，但从现实条件来看，这是很困难的。另外，由于系统内部局部与整体有着复杂的关系和交叉效应，要素或部分的效益最佳，不一定能保证系统整体功能最佳。但是系统理论认为，应通过合理组织系统中的各个要素，即使各要素在系统中的位置以及它们之间的联系有一定的秩序来实现整体优化。

最后，充分发挥系统中关键要素的作用。系统理论认为，系统中各个组成要素的地位、作用既不是平行的，也不是均等的，其中有的要素对增大系统的功能，尤其是能够增大各部分相互联系产生的结构功能起关键作用。要使系统有效运行，必须要充分发挥它们的作用。

4.管理是求得组织与环境的平衡

任何组织要实现自身生存与发展的目的，都需要依靠外部环境的能量、资源、信息的输入，例如人力、财力、物力和有关信息等，组织对这些输入进行加工、处理，并把转换结果输出给外部环境，且这种"输入"与"输出"必须保持大体平衡状态。这种平衡状态的"输入—转换—输出"是任何组织连续不断、循环往复的行为过程。组织要生存与发展，就得与自身外部环境进行交换，而且只有组织的输出被外部环境所接受，它才能得到自己维系生存及发展所必需的新资源。如果组织能够不断地提供环境所能接受的输出，环境就会不断地给组织提供资源和机会，组织就会处于良性循环的发展状态中。反之，如果组织的输出不被环境认可，环境就停止向组织输入，或向组织的输入小于其输出，结果组织会因人力、物力和财力耗尽又得不到充足的补偿而无法生存与发展。

例如，某企业如果能够不断地生产出社会所需要的产品，某学校如果能不断培养出社会所需要的人才，社会就会为其提供足够的资源，企业与学校就会健康、稳定、繁荣、兴旺地发展，否则就会倒闭。因此，组织要适应环境，要与环境之间保持平衡，管理的目的就是求得组织与环境的平衡，管理者就是要做此项工作。

二、教育管理及其特点

教育管理概念反映了教育中各种管理一般的、本质的特征。通过对特点的揭示，会让我们对教育管理这一活动有更加准确、系统、全面的理解。

（一）什么是教育管理

教育管理是指国家为贯彻教育方针，实现培养目标，而对教育系统所进行的计划、组织、控制等一系列有目的的连续活动。这一界定表明了我国的教育方针是实施教育管理的依据。各教育行政部门和学校根据相应的科学管理原理，通过对教育系统实施计划、组织、调控等一系列的连续活动，达到实现培养人才的目的。

管理具有目的性，管理是围绕着某一个共同目标进行的活动。管理的结果是要实现这个共同目标，它区别于无目的的休闲活动和各有打算的自由活动。教育管理的目的就是为了实现教育目标，即培养人才，这是教育管理的出发点和终极目标。

既然教育管理的目的是实现教育目标，那么什么是教育呢？关于教育的概念，教育学中有明确的界定。教育（Education）是"传递社会生活经验并培养人的社会活动"。"广义的教育，泛指影响人们知识、技能、身心健康、思想品德的形成和发展的各种活动。""狭义的教育，主要指学校教育。即根据一定的社会要求和受教育者的发展需要，有目的、有计划、有组织地对受教育者施加影响，以培养一定社会（阶级）所需要的人的活动。"更狭义的教育是指"有计划地形成学生一定的思想政治观点和道德品质的活动，与德育同义，如'教学的教育性'等，多见于与教养、教学并用时"。这些界定表明了无论是广义教育还是狭义教育，都是影响人的活动。自教育产生以来，这种活动给无数的学生带来了知识、技能，改变了他们的命运，完善了他们的人生。

目前社会上存在反教育行为。教育是影响人、培养人的事业，这个事业应该向良好的方向发展，应该产生积极影响、克服消极影响，还应该促使学生德智体美全面发展，促进每个学生健康成长。但是在现实中的一些教育行为与此背道而驰。顾明远教授把它称为"反教育行为"，并且列举了五种反教育行为：①把学生分成三六九等，特别歧视所谓"差生""后进生"；②用暴力对待"后进生"；③用非人性的标语口号来督促学生拼命学习；④在学习中提倡竞争；⑤拔苗助长，对学生实施过度的教育，过早地给儿童加重学习任务，用沉重的学习负担剥夺幸福的童年。

关于教育，进一步的理解是：教育＝希望，教育＝美好希望，教育的真谛是让学生有价值感。教育是培养人的活动，这种活动中知识、技能的传授非常重要，但是他们仅仅是教育的一部分，教育的更多内在性是要让学生对未来充满希望，让他们能够有强烈的价值感，让他们具有深层的生活激情，让他们有追求幸福生活的能力与信心，让他们真正成为富有生活情趣的人。当学生早上醒来时，他期盼来到学校；当他们走在上学的路上时，他们期盼坐在教室里；当他们遇到困难时，他们知道学习会帮助他们渡过难关；当他们有了问题时，他们知道学习会帮助他们解决问题；他们知道教育会让他们变成有意义、有价值的人。众所周知，一个人对生活充满希望、自我价值高的时候，是一个情绪稳定、行为成熟、有信心、肯冒险、有干劲、积极面对生活，对学习与工作充满信心的人；反之，则会意志消沉、自卑、紧张、焦虑、多疑、多虑，消极面对生活，处处从负面去猜测、去行事。

管理的真谛是让学生们的价值感得以实现。教育给了学生们希望与价值感后，还必须让他们实现希望、释放自己的价值，否则教育的希望、教育的真谛就会受到影响。为什么现实中会出现反教育行为，一个重要原因就是管理没有做好，没有设法让学生积极向上的价值感得以实现。顾明远教授倡导："反教育就是一种坏教育，学校、家庭、社会都要与之斗争，特别是学校，作为专门育人的阵地，更要坚决与之斗争。"所以，教育管理应该体现教育带给学生们的希望与价值感，应该让学生的希望得以实现，让他们的价值感得以释放。

人才成长的复杂性及长周期性等特点都反映到教育管理上来，那就是在确立目标时，既要满足国家当前的需求，又要预测人才的长远需要，同时还要考虑人才的个性发展；从组织管理过程来说，不仅要充分发挥行政部门和学校的管理职能，而且还要认真协调学校、社会与家庭的关系；从评价管理绩效来说，既要考虑到人的成果可量化性，又要考虑到人的行为的模糊性，要把定性与定量分析有机结合起来；从管理形式来说，由于思想品德的形成具有潜移默化的特点，知识的掌握具有日积月累的特点，因此一般不采用集中突出、分散指标、学习比赛等组织形式。

一般来说，教育管理包括教育行政与学校管理。

教育行政是指国家对教育的管理。主要是指教育行政机关的活动，包括中央教育行政机关活动和地方教育行政机关活动。教育行政管理的主要内容是：贯彻了中国共产党和国家的教育方针、政策，制定、推行教育法令，拟定教育规章，编制教育计划，审核、分配教育经费，建立、健全与改进各级教育行政组织，任用、培养教育人员，视察、指导和考评所属教育行政单位和学校的工作，处理各项教育工作上的问题等。

学校管理是学校管理者为实现培养目标，遵循教育管理规律，运用一定原理和方法，可以对学校所进行的计划、组织、控制等一系列有目的的连续活动。学校管理的主要内容是：德育、智育、体育、美育、劳动技术教育等的管理，教学、教研和科研管理，教师和学生管理，保卫、总务、财务、图书、仪器管理，编制管理和管理机构对自身的管理，等等。

（二）教育管理特点

教育管理作为一般管理的一部分，除了具有一般管理的一些特点外，还有自己独特的特点，例如，权变性、双边性、复杂性和多价值摄入性等。

1. 教育管理的权变性

在影响教育管理工作的众多因素中，有系统性因素，也有随机性因素（也称偶发性因素）。

系统性因素是指在教育工作中长期起作用的因素，具有稳定性。例如，领导者的水平及能力，教师的业务素质，学校的周边环境，学生来源，学校建筑设计，等等。这类因素可以提前预测它的出现，也可以据此事先采取相应的管理措施。这类因素虽然比较容易发现，却不易解决。例如，学生课间时上卫生间拥挤，原因是学校空间狭小。此原因很容易被发现，但不是一时半会可以解决的。

随机性因素是指在教育工作中偶然出现的因素，具有不稳定性。例如，由于某种原因这堂课换了一个条件不好、外面又有喧闹声的教室，而导致这堂课教学质量不佳。这类因素虽然不像系统性因素那样难以解决，但它们有时不易被发现；也难以预测它的出现，难以事先制定相应的管理措施。再如，某位教师讲话不慎，伤害了某位学生的自尊心，影响了他的学习积极性，导致学习质量下降。由于这是随机的讲话，事后教师忘记了，不知道该学生学习下降的原因。

两类因素的存在使得教育管理中既有规范性管理，又有权变性管理。例如，编班、安排课程、考评教学工作量等都属于规范性管理。这些工作如何做，事先都有明确规定。但是对于非规范性管理，如何处理因随机性因素造成的问题，没有明确规定，应该根据具体情况采取相应的管理措施，具有权变性，即权宜应变之义。不存在适用于任何情况的"最佳"管理方法和措施。美国组织心理学专家埃德加·H.沙因（Edgar H.Schein）认为："没有一种唯一正确的管理策略在所有时候对所有员工都管用。"要善于把教育管理理论因地制宜、因事制宜、因人制宜地加以改造。孔茨等强调"有效的管理总是随机制宜的或因情况而异的管理"。

在教育管理中，人的因素占主导地位，人作为唯一有思维活动的生命，有许多变化的不确定性，可能教师不经意间的一个眼神、一种表情、一句话、一种行为就会对学生产生莫大影响。另外，即使已经有了管理规则，也会因非理性因素而出现随机事件。因此教育管理具有很强的权变性，应该根据具体情况采取相应的教育教学和领导措施。

2. 教育管理的双边性

根据管理的定义表明，任何管理活动均包括管理者与被管理者，管理是在管理者与被管理者的相互运动中实现的。孔茨等认为，管理是可以使人们在群体状态下高效率地完成既定目标的过程。斯蒂芬·P.罗宾斯（Stephen P.Robbins）等认为，管理是涉及协调和监管他人的工作活动。这两位管理学者对管理的界定表明，管理对象虽然也包括物，但主要是人，管理主要是在人—人的双边关系系统中实现的。可以说，任何管理活动都具有双边性，这决定了教育管理也有双边性。

就一般管理而言，管理者通过对被管理者实施的影响，使他们可以按照预定目标去行动，改变自己不符合组织目标的行为。被管理者在接受管理者对他们的影响时，并不是消极、被动地去服从指挥，而是根据自己的需要、带着主观认识去接受命令。被管理者在工作中表现出来的对命令的服从感、责任感、成就欲等对管理者是一种影响。这种影响可能是积极的，也可能是消极的。积极的影响可以使上级管理者或同级人员增强信心，正确对待面临的困难，有利于教育目标的实现。消极的影响会使人们丧失信心，能够阻碍教育目标的实现。因此，管理过程是管理者与被管理者相互作用、相互依存和相互制约的影响活动。

教育管理不仅具有双边性，而且较其他一些管理活动，教育管理的双边性更加突出，与其他管理活动相比，教育管理活动的双边性又有其特殊性。教育是一种培养人的事业，教育领域中很多东西人们难以定论或把握，例如，怎么做是启发性教学，什么行为是因材施教，等等。教师的教育理念、工作态度、责任心等，很难通过教师的某种行为去判定，也很难预定教师在从事某项工作时将持有什么心态、形成什么行为。这种情况下作为被管理者的教师与作为管理者的校长、主任等，以及作为被管理者的学生与作为管理者的教师等，他们之间的相互运动，尤其是积极的运动对实现教育目标、满足被管理者的需要显得格外重要。

3.教育管理的复杂性

学校是教育组织中最庞大的群体，这个群体涉及了很多人员及其相互关系。从学校内部来说，有行政人员、教师与学生。从外部来说，有家长、亲戚、社区成员，其中，家长是一个庞大的与学校有密切关系的群体。这些人员之间又构成了不同的社会关系。从学校本身来说，也有不同于其他组织的特点。

首先，学校中的教师具有双重角色，既属于被管理者，又属于管理者，他们每年、每学期、每月甚至每天都在不同的角色中变换。这种变换不同于其他组织中的角色变化，其他组织的人员是在成人中进行角色变换，而教师作为被管理者时面对的是成人，但是他们作为管理者时面对的是未成年人。不仅如此，他们还是以职业人的角色出现，他们肩负教书育人、培育国家未来接班人的重任，他们被社会誉为人类灵魂的工程师，要时刻注意自己的言行，要起到"行为示范"的作用。

其次，在学校中的学生是青少年，中小学阶段是他们从童年走向成年的过渡期，他们有不同于成年人的特点。生理上处于急剧增长时期，心理上也存在诸多矛盾。他们渴望独立，但是又不具备独立的条件；喜欢标新立异，这种心理使一些学生出现叛逆性；有时很温顺，有时又很冲动；有时很开放，有时又很封闭，尤其是对成年人封闭。

最后，学生随着年龄的增长，来到幼儿园、小学、初中、高中、大学等。按照我国的学制，小学 6 年、初中 3 年、高中 3 年，大学 4～5 年。这表明，学生每 3～6 年就要变动自己的学习地方，对于学校来说，每年都要迎来一批新学生同时也要送走一批毕业学生。在迎来学生的同时，也迎来了与之相关的社会关系。所以，学校是人员、社会关系变化极大的组织，属于走动式管理。

中小学的学生基本都是未成年人，不具有完全民事行为能力，家长是他们的监护人。所以，中小学管理不仅仅要面对学生，还要面对家长。而家长这个群体是具有不完全组织性的群体，他们没有明确的组织目标、组织结构、组织规则等。可控性系统的条件之一是具有一定程度的组织性，面对家长这个群体的管理具有很大的难度。

上述人员及组织本身的特点表明教育组织具有复杂性，对于这种组织的管理也具有复杂性，其管理要特别注意方式方法。

4. 教育管理的多价值摄入性

教育的不确定性，使得其中的管理人员经常要对工作中的问题做出判断与决定，许多判断与决定属于价值选择问题，而不属于是非对错问题。即教师在从事教育工作时，管理者在进行管理时，不仅要进行事实判断，而且还要进行大量的价值判断。

事实判断着眼于事物的客观发展状态，旨在描述和反映事物的性质、功能和变化。事实判断就是要原本地再现客观事实，清除以主体为转移的成分，清除主体的需要和干扰等；价值判断从主观意志、需要和意愿出发，旨在估量和评价事物对人的需求的影响。价值判断则以主体自身需要作为评价的依据，其内容自然不能排除主体，理所当然地以主体的需要为转移。事实判断是价值判断的基础，价值判断是事实判断的目标性追求。价值判断要以对事实的正确认识为基础，使主观力求与客观相符合。

教育是价值高度涉入的事业，教育教学活动常常会涉及其他活动不常碰见的价值问题。学校是社会上各种价值观念冲突的中心。而这些价值观念的冲突及其他价值方面的问题，常常反映在教育教学工作中，这使得教育者必须时常运用自己的价值观，在尊重事实的基础上进行价值判断，然后再选择理性的、自然的行为，而不只是停留在事实判断层面。例如，从事实角度判断这个学生的确从事学习活动有较大难度，但是一般情况下教师不能这么说，而是要从学生成长角度出发，肯定其学习的可能性。再有，教育是一种理解，这种理解是一种发自内心的自觉活动，是校长、教师与学生之间心灵的对话，是彼此感情的交流，通过灵魂与情感的碰撞生成鲜活的教育思想和行为，以达成教育目的。教师理解什么、如何理解、理解谁？这些都建立在他们主观判断上，属于价值层面的问题。所以，教育工作充满各种各样的价值判断。

教育工作的这一特点表明，教育管理不仅是一个单纯的技术问题，而且还包括很多价值判断问题。教育管理的这一特点要求管理者要随时依赖个人的道德观对教学、科研和管理进行价值判断。要以对事实的正确认识为基础，但更多的是取决于对学生、教师和学校发展的意义，可以说学生、教师和学校发展需要是价值判断的参照。

教育管理学成为一门学科是由于有丰富而系统的理论。对教育管理理论形成与发展影响较大的是西方管理理论的演进、教育管理实践的探索和教育管理研究的推进。

第二节　教育管理的理论源流

教育管理的理论源流可以追溯到中国早期的管理思想和西方管理理论。早期管理思想是后来理论产生的基础。例如，在中国春秋战国时期，孔子提出德治的管理思想。《论语·为政》有"道之以政，齐之以刑，民免而无耻。道之以德，齐之以礼，有耻且格"。意思是对社会有效的管理有两条：一是"道之以德"，即用道德规范引导教育人民；二是"齐之以礼"，即用礼仪使人民整齐一致，这样人民就知道羞耻并且自觉地约束自己而归于正道了。对管理理论进行比较系统的阐述始于19世纪末20世纪初的西方。一般来说，管理理论的演变经历了古典管理理论阶段、行为科学管理理论阶段、现代管理理论阶段和现代管理理论新发展阶段，这里以这几个阶段为主，探寻教育管理的理论源流。

一、古典管理理论

古典管理（Classical Management）思想产生于19世纪末20世纪初。那时，一些组织的生产效率低，组织活动无计划，人的工作责任含糊不清。社会急需把组织从混乱中解脱出来并带来秩序和提高生产率的理论思想，于是古典管理理论就诞生了。古典管理理论中比较有代表性的是美国的弗雷德里克·W. 泰罗（Frederick W.Taylor, 1856—1915）的科学管理理论、法国的亨利·法约尔（Henri Fayol, 1841—1925）的一般管理理论、德国的马克斯·韦伯（Max Weber）的理想行政组织理论。这里重点阐述前两位学者的理论。

（一）泰罗的科学管理理论

弗雷德里克·W. 泰罗出生于美国宾夕法尼亚州费城一个律师家庭，利用三年时间游历完整个欧洲回到费城后，通过了哈佛大学入学考试，但是因为视力太差而未能就学，转而进入一家液压机厂做学徒。等学徒期满，22岁的泰罗进入费城米德维尔钢铁公司。由于他的聪明和勤奋，在不到10年的时间里，便由一名普通工人提升为车间管理员、技师、工长、总技师和总工程师。1883年，在新泽西州斯蒂文斯技术学院获得机械工程学位。1898年，他来到伯利恒钢铁公司。1901年以后，他用大部分时间从事写作、讲演，宣传他的科学管理。

19世纪末20世纪初，科学技术和社会经济都出现了巨大的变化。资本主义经济的发展逐步由自由竞争时期进入垄断时期。然而，工业上实行的仍是传统的经验管理方法，靠饥饿政策迫使工人工作，靠延长绝对劳动时间和增加劳动强度赚取更多的利润，激起了工人阶级的强烈反抗。泡病号、磨洋工、偷工减料的现象大量存在，管理者的管理也存在问题，使得劳动效率低下。科学技术的发展，资本主义生产的集中和垄断，劳资矛盾的发展和尖锐化，对企业管理提出了新的要求，促成了管理思想的进一步发展。在这样的时代背景下，诞生了泰罗的科学管理（Scientific Management）理论。

1911 年，泰罗《科学管理原理》（The Principles of Scientific Management）一书的出版对科学管理理论进行了详细阐述。科学管理也成为了泰罗制，即指应用科学方法确定从事某项工作的最佳方法。由于泰罗对科学管理的巨大贡献，被后人誉为"科学管理之父"。

（二）法约尔的一般管理理论

亨利·法约尔出生于法国一个小资产者家庭，19 岁从圣·艾蒂安国立矿业学院毕业，进入科芒特里—富香博—德卡维尔矿业公司并任工程师。自 1866 年开始一直担任高级管理职务，他把企业作为一个整体并加以研究。他还对公司进行了改革和整顿，使公司摆脱了濒临破产的处境，形成了稳固的市场地位。他一生中写了很多著作，内容包括采矿、地质、教育和管理等。他在管理领域的贡献，使他受到后人的瞩目。到了晚年，他还担任过法国陆军大学和海军学校的管理学教授。他将自己的管理经验归纳提升为理论，于 1916 年写出了名著《工业管理与一般管理》（General and Industrial Management），在这本书中提出他的一般管理（General Management）理论。法约尔是 20 世纪上半叶最杰出的管理学家，被誉为"现代经营管理之父"。法约尔一般管理理论的主要内容是：提出并描述管理的六项活动；提出并阐述管理五职能学说；提炼出十四条管理原则；明确员工需要具备各种能力。

二、行为科学管理理论

行为科学（Behavioral Science）是 20 世纪 30 年代逐渐开始形成的、研究人的行为的综合性新学科。古典管理理论对管理理论的形成与发展及管理实践的提升都起到了很大推动作用。但是由于这种理论着重于生产过程、组织控制和提高功效等方面的作用，没有更多考虑人的积极性与创造性问题，"经济人"色彩很浓，反而引起了工人的不满，劳资矛盾加深。加之生产力的迅速发展，新兴工业不断涌现，科学技术广泛应用，这些都要求不仅关注生产本身，而且还要关注人的动机、情绪，关注组织气氛。于是，一个着重研究人的因素，旨在调动人的积极性的学派—行为科学应运而生，行为科学理论早期被称为人际关系（Human Relation）学说。人际关系学说产生于乔治·E. 梅奥（Gearge E.Mayo，1880—1949）的霍桑研究。

（一）霍桑研究

霍桑研究（Hawthorne Studies）是1924年到1932年期间，美国有关研究人员在美国西部电器公司霍桑工厂进行的有关工作条件、社会因素与生产效率之间关系的研究，从而能够解决劳资矛盾和生产效率低下的问题。

从主持人的角度看霍桑研究分两个阶段。第一阶段是在美国国家科学院（United States National Academies）的国家研究委员会（The Research Council）主持下进行的；第二阶段是在美国哈佛大学乔治·E. 梅奥教授的主持下进行的。

梅奥原籍是澳大利亚，1899年于阿得雷德大学取得逻辑学和哲学硕士学位，以后去英格兰爱丁堡研究精神病理学，后来移居美国，1926年进入哈佛大学任企业管理学院产业研究室主任。1927年冬应邀参加并指导霍桑研究。

（二）人际关系学说

根据霍桑研究结果的分析与研究，梅奥于1933年出版了代表作《工业文明的人类问题》（The Human Problems of an Industrial Cirilization），提出了与古典管理理论不同的新观点人际关系学说。梅奥认为："在特定群组内经常发生所谓'人际关系失调'（Social Maladjustment），可能就是意味着对工作的关系和对人与人之间关系的惯例规则的失调，而不是指个人的初级非理性行为。"所以梅奥非常注重组织中的良好的人际关系的建立。

（三）行为科学的兴起

梅奥的人际关系学说在学术界和企业界引起了极大反响，芝加哥、密执安、麻省理工学院等著名大学，相继建立了人际关系研究中心，使人际关系学说得以迅速发展，为行为科学的诞生奠定了基础。1949年，一批哲学家、社会学家、心理学家、生物学家、精神病学家在美国芝加哥大学讨论、研究寻找人的行为规律的问题，在充分肯定了人际关系学说的一系列研究成果后，认为在此基础上有必要创建一门新的综合性学科，并把它正式定名为行为科学。

关于行为科学，国内外学术界有着不同的解释。一般认为，行为科学是研究人的行为产生、发展和转化规律，以便预测和控制人的行为的一门学科。研究行为科学的目的，就是运用科学方法，通过对人的心理活动的研究，揭示人的行为规律，调节人与人之间的关系，从而采用新方法管理员工，能够最大限度地调动人的积极性，以便可以有效地提高劳动生产效率，最大化地实现组织目标。

行为科学是跨多学科、综合性、边缘性的学科。它与心理学、社会学、人类学、政治学、经济学、伦理学、法学、教育学、行政管理学等都有密切联系。因为人的行为会受到许多方面的制约，所以，研究人的行为需要多学科协同进行。它的理论来源主要是心理学、社会学、人类学。

行为科学理论要研究个体行为、群体行为、领导行为和组织行为。人性假设是行为科学管理理论的出发点，个体理论是行为科学的核心内容，群体行为理论是行为科学管理理论的重要支柱，领导和组织行为理论是行为科学管理理论的重要组成部分。

很多学者都为行为科学管理理论的发展作出了巨大贡献，例如，道格拉斯·M.麦格雷戈（Douglas M.McGregor）的 X 理论—Y 理论、埃德加·H.沙因（Edgar H.Schein）的四种人性假设理论等；再如，亚伯拉罕·马斯洛（Abraham Maslow）的需要层次理论、费雷德里克·赫茨伯格（Fredrick Herzberg）的双因素理论、戴维·麦克利兰（David C.McClelland）的成就需要理论等；还有卡特·勒温（Kurt Lewin）的群体动力学、罗伯特·R.布莱克（Robert R.Blake）和简·莫顿（Jane S.Mouton）的管理方格理论等。

行为科学理论丰富和发展了管理理论体系，扩展了管理作为一门科学的研究和发展空间。把行为科学的理论与方法应用到管理过程之中是管理科学的一大进步；不仅如此，该理论的出现使管理从对物的关注转向对人的关注，改变了管理者对员工地位的看法，强调了从满足人的需要、动机、人际关系等方面来引导员工，发挥他们的主观能动性，调动他们的工作积极性。这些对当时及后来的管理实践具有重要的指导意义。

三、现代管理理论

自 20 世纪五六十年代以后，随着现代科学技术发展的日新月异和生产社会化程度的日益提高，掀起了管理的热潮。管理专家从不同的背景、不同的角度，运用不同的方法对当代管理问题进行了研究，相继出现了许多管理理论和新学派。美国著名管理学家哈罗德·孔茨（Harold Koontz）等把这种现象形象地描述为"管理理论丛林"，意思是说，当代管理理论各学派林立，像"热带丛林"似的。一些学者梳理了这种"管理理论丛林"现象，大致已经发展到几个学派：人际关系学派、群体行为学派、经验主义学派、社会系统学派、决策理论学派、管理科学学派、管理过程学派、权变理论学派、系统管理学派、经理角色学派、经营管理学派等。这里重点阐述了决策理论学派和经验主义学派中的一些理论。

（一）决策理论学派

决策理论学派是从社会系统学派发展起来的。决策理论是以社会系统理论为基础的，后来又吸收了行为科学、系统理论、运筹学和计算机科学等学科的内容，形成了一门有关决策过程、准则、类型及方法的一套较完整的理论体系。其代表人物是西蒙和马奇。

赫伯特·A.西蒙（Herbert A.Simon，1916—2001）是美国卡内基·梅隆大学教授，美国经济学家、社会科学家、管理学家。由于他在决策理论方面的出色研究，于1978年获得了诺贝尔经济学奖。其代表作为《管理行为》（Administrative Behavior）、《管理决策新科学》（The New Science of Management Decision）等。

詹姆斯·G.马奇（James G.March，1928—2018）是美国斯坦福大学教授。1953年获得耶鲁大学博士学位。他在管理学、社会学、政治学、教育学等领域都有研究，是被公认的过去50年来在组织决策领域最有贡献学者之一。其代表作有《组织》（Organizations）和《决策是如何产生的》（A Primer on Decision Making：How Decisions Happen）等。

（二）经验主义学派

经验主义学派又称案例学派，它主要是以企业的管理经验为主要研究对象，以向企业管理人员提供成功经验为目标的一种管理理论学派。主要代表人物是美国的彼得·F.德鲁克（Peter F.Drucker）、欧内斯特·戴尔（Ernest Dale）、艾尔费雷德·斯隆（Alfred Sloan）、亨利·福特（Henry Ford）和威廉·纽曼（William Newman）等。

但是经验主义学派认为，管理科学理论应该从管理的实际出发，把成功的管理者的经验加以概括和理论化，给企业管理人员提供重要的指导。可以通过案例研究分析管理者的成功经验和他们解决特殊问题的方法，便可以在相仿情况下进行有效的管理。

下面是以德鲁克的思想作为代表，简介经验主义学派的一些重要观点。德鲁克（1909—2005）生于奥匈帝国首都维也纳，1931 年获法兰克福大学国际法博士学位，1937 年移居美国，终身以教学、咨询和著书为业，是当代国际上最著名的管理学家，被称为"大师中的大师"。德鲁克一生有很多管理思想和经验，出版了《管理的实践》(The Practice of Management)、《管理：使命、责任、实务》(Management Tasks，Responsibilities，Practices) 等著作。这里主要来介绍德鲁克的有效管理者、自我控制和目标管理等思想。

四、现代管理理论的新发展

在 20 世纪 80 年代以后，管理领域又出现了一些新的发展趋势，出现了多种管理思想，进而形成了一些新理论。例如：美国日裔学者威廉·G. 大内（William G.Ouchi）的 Z 理论，美国学者埃德加·H. 沙因（Edgar H.Schein）的组织文化理论，美国学者迈克尔·波特（Michael Porter）的战略竞争理论，美国学者彼得·圣吉（Peter M.Senge）的学习型组织理论，美国学者迈克尔·哈默（Michael Hammer）与詹姆斯·钱皮（James A.Champy）的流程再造理论，美国学者威廉·E. 戴明（William E.Deming）和约瑟夫·M. 朱兰（Joseph M.Juran）的质量管理理论，等等。由于这些管理理论的出现，一些学者认为又出现了一个管理理论新发展阶段。这里主要介绍大内的 Z 理论、沙因的组织文化理论和戴明的质量管理理论。

（一）大内的 Z 理论

威廉·G. 大内（Willam G.Ouchi，1943— ）是日裔美国学者，加利福尼亚大学教授。先后在斯坦福大学和芝加哥大学获得了企业管理硕士学位和博士学位。

他选择了日本和美国的一些典型企业，对他们的管理模式进行了研究。通过研究，于 1981 年出版了《Z 理论——美国组织界怎样迎接日本的挑战》

（Theory Z：How American Business can Meet the Japanese Challenge），提出的一种新型管理理论，即 Z 理论。

在 20 世纪中后期，日本的生产率每年以更快的速度增长着，而美国当时的生产率却几乎毫无增长。两国的工厂和设备之间的新旧程度已经缩小了差距，而生产率的差距仍在继续扩大，对此有很多解释，大内认为这些解释虽然都很有道理，但是没有一个让他完全满意。因为这些解释未能说明两国的企业在组织管理上有什么不同，他认为日本的管理方式及其背后的那种指导思想可能是最大原因，于是大内于 1973 年开始对日本公司的管理方式进行研究，同时把日本机构的管理模式与美国机构的管理模式进行了比较。

通过比较，大内发现，美国管理模式在每个重要方面恰恰与日本管理模式是对立的。美国应该从日本成功的经验中汲取有益的成分，而不应当单纯地进行模仿。

大内把日本式组织称为 J 型组织，把美国式组织称为 A 型组织。日本的 J 型组织是根据同质化的人群、稳定的社会关系和集体主义等条件而进行适当调整的结果—在这样的组织中，把个人的行为紧密地啮合在一起；比较美国的 A 型组织，是根据异质化人群、流动的社会关系和个人主义等条件自然调整的结果——在这样的组织中，人们相互之间的关系是非常脆弱的，而且很少发展出密切的关系。大内通过描述与比较日本和美国组织的管理模式，最后提出了一个全新的概念，即 Z 型组织。他认为 Z 型组织是成功的管理模式，他阐述了这种组织的特点、成功原因及策略等，这便是 Z 理论。

大内在《Z 理论》一书中阐明了 Z 型组织的特点。

（1）倾向于长期雇佣制，新员工已经雇佣的，就一直到退休。成员的职业保证会使他们更加积极地关心组织利益。这是 J 型组织的特征。

（2）相对缓慢的评价和升级过程，对成员要经过较长时间的考验再作全面评价，再予以晋升，当然不会像 J 型组织等待 10 年之久。

（3）非专业化的经历道路，通过工作轮换制，培养适应各种工作环境的多专多能人才，这也是 J 型组织的特征。这种方法有效地产生了更多的属于该组织所特有的技能，从而在设计、生产和分配过程中走向更紧密的协调。

（4）寻求明确与含蓄控制的平衡：具有 A 型组织管理中的一些方式，诸如正式计划、目标管理等明确控制方法。同时也运用 J 型组织中的含蓄控制，即运用文化、价值观、信念、经验等来规定应该做的事情。

（5）集体决策与个人负责相结合：在做出重要决定时，应该采取集体研究与个人参与的协商制，最终取得真正一致的意见，即决策是集体作出的，但是最终还是要由一个人对这个决策负责。

（6）人与人之间是平等关系，大家虽然在不同的层级、不同岗位上工作，但都是工作关系的自然组成部分，都是平等的，大家都保持相互友好、相互联系、相互关心的状态。平等主义是 Z 型组织的一个核心特点。

Z 理论认为："美国工人和日本工人几乎一样努力。美国的管理人员差不多与日本的管理人员一样都想作出优异的成绩。但更加努力工作没有提高生产力。"生产率增长不能单靠更辛苦的劳动，而应该通过管理方式的改变。为了解决这一问题，Z 理论认为："需要按照有效的方式使个人的行为协同一致，并从合作和长期的观点出发，向雇员提供激励机制，鼓励他们协同自己的行为。"

Z 理论的中心议题就是通过一种管理模式，让每个人的努力都彼此协调起来，从而产生最高的效率。围绕这个中心议题，大内提出了 Z 理论的信任性、微妙性和密切性三个重要原则：信任性是使员工之间、部门之间、上下级之间保持相互信任；微妙性是根据各个工人之间的微妙关系进行工作组合；密切性是既要在家庭、邻里培育人与人之间的密切性，还要在工作单位培育这种密切性。大内认为信任性、微妙性和密切性是不可缺少的，如果缺少这三点，那么作为具有社会人特点的人就不能获得成功。大内不仅强调了信任性、微妙性和密切性的重要性，而且还强调了生产率与他们之间的关系。在 Z 型文化的氛围下，组织重视的是人而不是物，即使重视产品也是通过重视那些生产产品的人来具体体现。在 Z 型文化中，信任是核心。在适切的工作与亲密的人际关系基础上建立起来的相互信任原则，是 Z 型组织取得成功的重要保障。

大内认为组织可以改变已有的生产效率不高的状态，走向成功的 Z 型组织，但是这需要一个过程，从 A 型组织到 Z 型组织有 10 个步骤，依次为：①了解 Z 型组织和你的作用；②审查公司的哲学观；③确定适当的管理哲学并让公司的领导参与；④哲学观的实现靠的是搭建结构和提供动力；⑤培养人际交往的技能；⑥自我检验和系统检验；⑦让工会参与；⑧稳定雇佣关系；⑨确定缓慢的评估和升职制度；⑩拓宽职业发展模式和发展方向；

（二）沙因的组织文化理论

埃德加·H.沙因是著名社会心理学家、组织心理学创始人，在组织心理、组织文化、职业生涯管理等方面都作出了重要贡献。1952年获得哈佛大学社会心理学博士学位，之后就在美国军事科学院从事研究，1956年以后在美国麻省理工学院的斯隆管理学院从事教学与研究工作，1964年晋升为组织心理学教授。其代表作有《组织心理学》（Organizational Psychology）、《组织文化与领导力》（Organizational Culture and Leadership）和《职业动力论》（Career Dynamics）。

《组织文化与领导力》一书问世，标志着组织文化学派创立。该书中比较系统地提出了组织文化的理论，并在西方的组织理论中产生了一定的影响。

沙因是从组织中领导与文化的关系来阐述组织文化的重要性的。他认为，我们绝大多数人都生活在组织中，因此，人们总得与组织打交道。然而人们在自己的组织生活中，却一直对许多观察到的或感知到的东西感到十分困惑。

在组织心理学和组织社会学的领域里，研究者们已经发展出一系列可以用来理解组织中个人行为及组织自身建构途径的概念。然而，人们难以理解的是组织的原动力。正是这种原动力使得组织能够成长、变化、瓦解。而这种原动力又总是不被人们所察觉。

但是沙因认为，要理解组织生活，要了解组织发展的原动力，就必须建立组织文化概念。沙因在《组织文化与领导力》这本书中提到的组织文化是指"私营、公众、政府以及非营利组织的文化"。他认为，一个群体的文化可以定义为："一个群体在解决其外部适应性问题以及在内部整合问题时习得的一种共享的基本假设模式，它在解决此类问题时被证明很有效，因此对于新成员来说，在涉及此类问题时这种假设模式是一种正确的感知、思考和感受的方式。"按照沙因的观点，组织文化是由一些基本假设所构成的模式。这些假设是由某个团体在探索解决对外部环境的适应和内部统合问题这一过程中所发现、创造和形成的，被"认为是理所当然"的、行之有效的运行模式。这些模式可以被当作解决问题时正确的感知、思考和感觉的方式传达给新员工。

沙因认为组织文化具有四个特点。稳定性：可以获得组织认同的文化的关键组织部分，将成为组织得以维系的稳定力量，而且不会轻易地被放弃；深度性：文化往往是一个组织中最深层次的、无意识的部分，因此它更加不可触摸、更加不被注意到；宽度性：文化一旦形成了，便进入群体职能的所有方面，渗透并影响到组织的方方面面；整合性：文化将组织各种不同要素，例如惯例、气氛、价值观和行为等融合成为了一个整体，并固化到一个更大范围、更深层次上。

要对组织中的文化课题有深入的理解，就不仅要弄清楚组织中发生了什么，而且更为重要的是区分出哪些对领导是更要紧的问题，哪些是不重要的。因为，组织文化是经过领导们培育的，领导的最有决定意义的功能就是创造一种文化。在必要时，这种创造可能是对原有文化的破坏或强化。当人们更仔细地研究组织领导和组织文化的关联时，就会发现这种关系如同钱币的两面，仅仅抓住一面是无法对整体有真正理解的。

沙因将组织文化区分为三个层次：

第一层次是人造文化。这是可见的、可听的、可感觉到的现象，是文化的表层。这一层次的文化便于观察，但是很难解释。仅从人造成分推论深层次的文化假设是非常不可靠的。

第二层次是价值文化。这一层次反映人们信奉的理想、目标、抱负、信念、价值观等，即人们认为的"应当是什么"与"事实是什么"的区别。

第三层次是潜在文化。这一层次实际是无意识的信念和价值观，是一种反复使用解决问题的理所当然的基本假设。基本假设就像现有的理论一样，往往是不可挑战和无须争论的，想要改变也是非常困难的。

沙因认为，任何组织的文化都可以在上述三个层次上进行研究。一个组织文化的本质在于潜在文化，但是在人造文化和价值文化层次上也可以体现出来。了解了基本假设模式这一层次的文化，就可以相对容易地理解为其他两层次的文化，并可以适当处理它们之间的关系。

（三）戴明的质量管理理论

威廉·E.戴明（William E.Deming，1900—1993）生于美国爱荷华州，1928年获得耶鲁大学物理学博士学位，统计学家、质量管理专家。他因对世界质量管理作出卓越贡献而享誉全球。20世纪50年代应邀到日本讲学并对日本的质量管理进行指导，帮助日本企业界奠定良好的质量基础。代表作是《走出危机》（Out of Crisis）和《新经济观》（The New Economics for Industry）。

戴明认为质量主要来自于管理，质量不好的重要原因是管理没有做好，因此要实施质量管理。提高质量不是一时的事情，而是长久的事情，质量管理要贯穿整个生产与服务的始终。戴明关于质量管理有很多独特的思想与方法，下面主要介绍两点。

1. 质量管理的 14 要点

戴明的重要贡献之一是提出了质量管理的 14 要点。他认为，要想确保产品和服务的质量，就要符合以下 14 要点：

（1）树立改进产品和服务的长久使命。

（2）强化管理责任，接受新的理念，直面未来挑战。

（3）通过生产可以确保质量，而不是依赖检查提高质量。

（4）废除"价低者得"的做法，着眼于服务与产品的质量。

（5）持续不断地改进生产和服务系统。

（6）做好人员培训工作。

（7）领导者要设法使人和物发挥更大的作用。

（8）驱除影响人不能安全、有效工作的恐惧。

（9）打破部门之间的壁垒。

（10）取消要求零缺陷和达到生产率新水平的口号、标语和数字目标。

（11）取消工作标准及数字定额，代之以领导力。

（12）消除人们获得自豪感的障碍。

（13）开展强有力的教育和自我提高活动。

（14）让人们都参与到组织的转型中来。

2.PDSA 循环

戴明赞成革新，他认为通过变革与创新能够让人们享受工作乐趣，革新能够带给人们一种良好的环境，能够提高产品和服务质量。为此必须持续不断地、系统地学习，所以他提出了进行革新的 PDSA 循环学习过程流程：PDSA 是 Plan-Do-Study-Act 四个英文单词的缩写；PDSA 循环包括"计划—执行—研究—行动"四步的循环往复。

第一步，计划（Plan）：人们头脑里有了变革与创新的想法，要把这种想法变成现实就要设计革新的计划，这是整个循环的初始。

第二步，执行（Do）：落实革新计划，开始测试、比较、实验，最好是要采取小规模的方式进行。

第三步，研究（Study）：研究革新结果与计划的期望是否相符，如果不是，问题出在哪一步？是需要回到起点重新再来，还是应该完善哪一步。

第四步，行动（Act）：经过上述几步后，要判断是完善前几步，还是放弃已有的革新，或者在不同环境或条件下再重复一次。

第三节　高职教育的意义与任务

一、高职教育是经济社会发展和科技进步的需要

我国高职教育起步相对较晚，但随着社会经济的发展，它的作用越来越被人们认可。

我国生产力水平迈上了一个新台阶。发展质量和随着高新技术的迅猛发展，我国的产业结构调整和技术结构升级将进入一个新的阶段，这一切必将要求劳动力和专门人才结构随之做出调整。

与此同时，经济结构的调整和科技的进步使得社会职业岗位的总体结构发生变化。高新技术的广泛应用，产生了许多与高新技术有关的职业岗位；第三产业的蓬勃发展，使社会职业岗位分布出现了新格局，进而也产生了一系列新的职业岗位；原有的职业岗位出现了既有分化又有复合的现象。社会职业岗位除分化外，还出现了不少智能结构呈复合特征的职业岗位。这种复合有两种类型：第一类是技术与技术的复合，如机械与电气的复合产生机电一体化的岗位；第二类是技术与技能的复合，如加工中心编程、操作、维修等岗位。这些岗位中，专高职学院教学管理技术知识与操作技能已成为不可分割的整体，形成了独立的智能型职业岗位。无论是由于高新技术发展所产生的岗位，还是由于第三产业兴起而增加的岗位，它们的技术含量和智能水平都比较高。

职业岗位在技术水平上的分化，既是岗位技术幅度的加大，又是岗位技术层次的延伸。职业岗位的复合也经常会导致岗位技术成分的提升和劳动内涵的丰富，这一切必定会促使职业技术教育层次的提高，还会出现职业教育由中等层次向高等层次上移的发展趋势，进而产生培养高级技术型人才的高等职业技术教育。

随着经济的发展和科学技术在生产中的广泛应用，随着生产和管理中科技含量的提高，生产、建设、管理、服务一线的高等技术应用型人才将成为科学技术转化为现实的生产力、全面提高经济效益和产业结构调整的生力军；而科技进步和国际竞争的压力迫使企业对毕业生的个人素质与职业能力提出了更严格的录用标准。一些单位已认识到了科技强企的重要性，对选聘人员的知识、能力、素质结构进行综合评价，它们从客观上要求我国要注重发展高等职业技术教育，为社会经济发展和科技进步提供必要的技术劳动力支撑，为科技向生产力转化提供条件。

二、高职教育是我国高职教育结构改革的需要

我国高职教育取得了举世公认的成就，为经济建设培养了大批专业人才，但同时也暴露出一些与经济发展和社会需求不相适应，而无法满足公民自身全面发展的要求等问题。我国高职教育进行了结构调整，加快了教学领域的改革，积极探索应用型人才的办学模式，取得了明显的改革成果，为我国高等职业技术教育的发展带来了新的生机。

高等职业技术教育是现代高职教育结构中的重要组成部分，它的出现是我国高职教育结构进行调整的结果，是造就一大批高层次技术应用型人才的重大举措，也是科教兴国战略的重要组成部分。

根据《中华人民共和国教育法》和《中华人民共和国职业教育法》，努力建立符合我国国情特点的职前与职后教育培训相互贯通的职业教育体系，使初等、中等和高等职业技术教育与培训相互衔接，并与普通教育、成人教育相互沟通、协调发展。一是职前与职后，即职业教育与成人教育的沟通；二是中等与高等职业技术教育的沟通，使中等职业学校的毕业生享有与普通高中生同等的深造机会，为将来的发展创造更好的条件；三是职业教育与普通

教育的沟通，为中职毕业生提供多种形式的继续学习深造的机会。这是我国职业教育走向成熟的重要条件之一。

三、高职教育是我国未来人口结构变化的要求

将沉重的人口负担转化为强大的人力资源优势是我国实现现代化的必由之路。另外，九年义务教育的普及，公众自身对接受更高层次的教育也提出了新的要求。发展高等职业技术教育是适应高职教育大众化的重要举措，是提高国民素质、增强国际竞争力的根本出路，是我国高职教育适应未来人口结构发生变化做出的必然选择。高职高专院校教学管理的基本内容，一般包括教学计划管理、教学运行管理、教学质量管理、教师队伍管理、实验室、实训基地和教材等教学基本建设管理。

综上所述，高职教育的教学管理可以归纳为：按照高职教育的客观规律和特点，依据高职教育的人才培养目标要求，对学校教学活动进行有计划的组织、安排、控制、监督而全面实施的过程。

四、教学管理的总任务

高职院校教学管理的总任务是根据国家的教育方针、办校原则和有关政策，按照培养目标的要求，可以充分利用高职院校的人力、物力、财力及环境等条件，进行计划、组织实施、监督检查、指挥协调、控制质量，培养高质量的合格人才。换言之，教学管理的总任务是在教学过程中努力建立稳定的教学秩序和科学的管理制度，保证培养目标的实现。这是教学管理活动的出发点，也是一切教学管理活动所要达到的预期目的。教学管理系统的一切工作，必须围绕它来进行，并为完成这个总任务服务。

（一）制订学校的教学工作规划

制订学校的教学工作规划包括明确的指导思想和奋斗目标，提出实现目标的措施和程序。一个学校必须有自己的奋斗目标（长期或短期），才能使学校的教学工作有一定的依据，并对全校师生起着组织、鼓舞、动员和激励作用。确定教学工作的奋斗目标，主要是确定学校的发展规模和速度，以及培养人才的数量和质量。

1. 调查需求

调查需求就是要调查分析市场经济和社会发展的需要。我国现有人才短缺和供求矛盾的状况，我国现有生产力发展和财政上可能提供的教育投资，学校的校舍、仪器设备、图书资料、师资力量可能达到的程度等都是需要调查分析的内容。只有胸怀全局，才能做好教学发展规划。

2. 预测趋势

预测科学技术和经济建设发展的趋势。由于人才培养周期长，要考虑当前和未来社会生产结构、各行各业、各门学科的发展趋势，以此来确定培养什么样的人才，需办什么新专业，如何改造和调整现有专业，确定什么样的科研方向，教师从哪个方向培养和提高等。

3. 借鉴经验

要借鉴教育和教学上的经验，主要能够了解和掌握高等学校教学规律和教育发展的历史进程，使规划符合客观的规律性。

4. 实事求是

拟订教学发展规划和确定奋斗目标，一定要从本校的实际出发，遵循改革、发展、稳定的原则，既要看到社会经济发展对人才的需要，采取积极发展的态度，促进教育事业的发展，又要看到需要与可能的矛盾，从实际出发确定发展规模和速度，强化办学的必要条件和基本条件，要保证教育质量的提高。还有确定教学目标和制订规划过程的可行性。

确定教学工作目标和制订规划是一项决策性工作，需要制订各种方案进行比较和优化，选择最佳方案，并编制执行计划，在执行过程中通过反馈情况不断地加以调整和修改，使教育目标和事业发展规模更加切合实际。

（二）建立科学的管理系统

建立一个科学的管理系统，把学校的人力、物力、财力、时间、空间合理地组织起来，以保证教学的稳定、信息的畅通无阻、工作效率的提高，并协调教学与科研、产业、后勤等各部门及各部门各环节的相互配合和衔接。在管理系统中，必须明确各工作岗位的职责和各级教学管理人员的相互关系，做到职责分明，既有明确分工，又有各岗位之间的密切配合，以保证执行计划的顺利实施。

（三）正确管理教学管理人员

教学管理的一个重要职能就是正确选择、考核、培养、提拔教学管理人员，保证人尽其才，把适当的人员安排在合适的岗位上，使其发挥聪明才智。管理人员素质的提高和智力的开发是提高办事效率的重要途径之一，而教学管理人员长期在教学管理第一线，政策性与原则性要求很高，工作十分繁重，故而必须制定选拔、使用与考核制度，采取有效措施对全体人员进行培训，来提高他们的思想水平和工作能力，发现人才和培养人才，把德才兼备的人员推荐到领导岗位，这是一项搞好教学管理的具有战略意义的工作。

（四）对管理工作实施检查和指导

要实现教学管理的目标，实施各项管理任务，教学管理人员必须善于将教育法令、法规变成师生的教学行动，善于同教师建立良好的人际关系，取得他们的信任，倾听他们的意见，可以充分调动教师和学生的积极性，在民主管理的基础上集中进行，运用自己的威信和权力，能够及时地提出工作方针和计划，指导他们的工作方法，检查他们开展工作的效果。教学工作不仅要有理论号令，而且还必须做具体指导，只有布置而无具体的指导和严格的监督、检查，则无法搞好管理工作。

（五）管理工作要形成信息反馈和控制过程

要按信息和控制论的观点，把教学工作的目标确定为标准行动。信息反馈就是通过实际行动达到实际目标，作为信息系统的输出，反馈回来与原来规定的总目标和总标准进行比较，可以及时地发现偏差，加以调整和纠正，调节管理过程，进而进行有效管理。为了有效地进行控制，必须建立信息反馈制度，保证信息的畅通。这里所谓的信息主要指两方面：一是数据、指标、报表总结、决议、规定等；二是各类人员的教学思想状况、工作态度和相互关系等。衡量一个管理信息系统是否健全的重要标志之一就是它的外部信息和内部信息的传递是否准确和迅速。信息失真就会使领导的决策失误。信息反馈控制是现代管理中非常重要的手段，没有畅通无阻的信息反馈，也就无法对教学的各项活动进行有效控制，教学管理就会变为一句空话，教学目标也就无法实现。

（六）管理工作就是协调和服务

管理就是指挥，指挥就是协调，协调就是服务。教学管理就是要指挥和协调各系、各部门的教学工作，为师生服务，调动师生教学与学习的积极性和主动性，把他们的行动统一到教学工作的总目标上来，为提高教学质量而努力。

（七）管理工作必须不断改革创新

随着教学改革的不断深化，创新越来越成为教学管理的一项重要职能，如果教学管理工作只限于继续做那些过去已经做过的事情，墨守成规，不去改革创新，那将是危险的。总之，从本质上来说，高职院校的教学管理不是适应性的工作，而是创新性的工作。

教学管理还有其他一些职能，但主要的就是上述几项，这几项中最主要的有两项，即决策和用人。教学管理的决策是战略问题，是全局问题，如果决策错了，那么具体工作管理再好，教学质量和教学水平也谈不上提高，所以有的管理学派认为管理就是决策。教学管理的用人是战术问题，即使决策正确，如果用人不当或管理人员配备不当，任务也是不能完成的，也就无法实现总目标。在现代化管理中，人仍然是决定性因素，所以有的管理学派把管理定义为对人而不是对物的管理。

教学管理的总任务是从全局高度制定的，它具有全局性和整体性。要完成这个总任务，还需要确定教学管理的具体任务，通过完成这些具体任务来完成教学管理的总任务。

五、教学管理的具体任务

我们要及时学习和了解当今世界新技术革命的发展趋势和国家经济建设的新形势，掌握社会对高职院校培养人才的需求特点，从高职院校的实际情况出发，吸取国内外职业教育的先进经验，认真研究专业设置、教学计划、课程体系、教学大纲、教学方法等诸方面的现状、存在的问题和改进调整的最佳方案，勇于创新，大力加强和深化教学改革。

从教学过程的实际出发，要分析教学过程中的各个环节和指导思想是否符合教学规律和教育目标的要求，发现问题，及时采取有效措施，进行正确的引导和必要的纠正，帮助教学人员树立正确的教学观点。高职院校教学管理人员要经常深入教学实际，研究和掌握教学过程中的具体情况和问题，把握教师的教学思想，看其是否符合国家的教育方针，是否符合高职教育培养目标，在日常教学活动中，教学管理人员要坚持高职教育教学工作管理的原则，正确处理理论与实际、教学与生产、科研等方面的关系，努力把学校办好。

根据教学规律、教学大纲、教学计划、上级要求及高职院校的实际情况，去建立健全教学工作的各项规章制度，制订各项教学工作的具体计划并认真贯彻落实，从而稳定教学秩序，优化教学环境，保证教学任务的完成和教学效果的提高。要建立与维护良好的教学秩序，教学管理人员必须遵循各项教学工作管理原则，按照一定的程序，运用一定的管理手段，对教学工作统筹计划，适当安排，使理论教学、实践教学以及各种教学活动有层次、有计划、有步骤地协调进行。在管理过程中坚持实行各种岗位责任制，以保持教学工作各个环节的相互衔接和正常运转。任何学校及教师不得随意停课或抽调学生从事教学以外的活动，任何教师也不得随意修改经学校批准的教学计划和任意停授某些章节或课题，这是维护学校正常教学秩序的必要条件。为了维护学校的正常教学秩序，教学管理人员必须加强科学管理，建立健全各项教学管理制度，本着"赏罚严明，为治之要"的精神，对"教"和"学"两方面进行严格考核，奖罚分咎，促使教学工作不断向前发展。

充分调动教、学双方的积极性，发挥教师的主导作用，增强学生的学习自觉性和主动性。运用科学的质量管理理论、方法和手段，研究制定教学质量标准和教学质量评估办法，依据教学质量标准，对教学工作进行科学的、严格的质量检查和有效的质量控制，以确保教学质量的提高和教育目标的实现。对教学工作经常进行监督检查，对教师执行教学计划、完成教学大纲的情况以及备课、上课、批改作业、辅导、考试等情况，通过听课、检查教案和作业以及召开各种形式的座谈会等手段，及时了解情况，获得信息，然后采取必要的措施，使教学质量不断提高。同时对学生的学习态度、课堂秩序、学习方法和效果进行及时检查，通过检查不断地调动教师和学生的积极性，保证培养目标的实现。

做好图书资料、科技信息、教学档案、仪器设备、实验与实训场所的管理工作。

通过各种途径和方法，定期了解毕业学生和用人单位对高职院校培养人才的意见和建议，认真分析研究，听取正确意见，是作为改进教学管理、调整培养计划、提高教学质量的客观依据。

协调教学工作的内外关系，保证教学工作计划的顺利实现。高职学院教学工作层次系列多、涉及面广，较普通教育的教学工作管理更为复杂和困难。因此，在管理过程中要注意随时调整和协调教学部门内部及部门之间、上下左右部门之间的相互关系，使学校中的党政工团、教学、生产、科研、后勤等方面协调一致，通力合作，确保学校的教学工作计划顺利实现。

加强教学研究，不断改革教学工作。要使职业技术教育符合时代的要求，更好地为经济建设服务，需要教学管理人员加强高职学院教学管理学研究，在管理内容、管理方法、管理形式和管理手段上不断改革创新，使教学管理工作逐步科学化、现代化。

上述各项具体的教学管理任务都是教学管理总任务的组成部分，虽然有其相对的独立性，但它们之间是相互联系的。因此，要实现教学管理的各个具体任务，既要在教学管理总任务指导下，有计划、分阶段、按时序地进行，又要进行有效的协调控制，处理好它们之间的关系。

高职院校教学管理是一门新学科，是高职教育学、职业教育学和现代管理科学相互交叉而形成的一门应用性很强的学科。我国高职教育学、职业教育学和管理科学近年来才逐步发展，高校的教学管理学科更是处在起步阶段，它作为一门独立的体系还不够成熟，许多问题有待研究。我们应从工作出发，结合教育科学和管理的基本理论去探索教学管理应遵循的规律。

第四节　高职教育的方法与构思

一、高职院校教学管理的研究对象

高职院校教学管理是从教育的原理出发，研究教学的本质、目的、制度、内容、基本原则，研究高职院校的事业规划、培养目标、专业设置、教学计划、教学环节、教学内容、教学方法和手段、教学质量等各项工作中的管理原则、制度和方法。即在社会活动和公共活动中，从教学管理角度提出目标，并为这一目标准备必要条件，以促使其完成。通过研究教学管理的实践活动，帮助人们按教学规律去组织教学过程，以最合理的方式和途径，最大限度地发挥高职院校的人力、物力、财力、时间、空间和信息的作用，最有效地出人才、出成果，以利于教职员工的使用、管理和教学质量的提高和校风的培养。

二、高职教育教学管理的研究方法

高职教育教学管理有自己特定的研究对象，其研究方法必然带有多门学科研究方法的影子。根据教学的特征，在进行研究时必须坚持以下三点。

（一）坚持联系实际的观点

教学管理是属于教育的范畴，教育是一种十分复杂的社会现象，既有上层建筑的属性，又有社会生产力的属性，还有与社会其他生活有关的属性，教育差不多与整个社会生活的各个方面有关系。我们研究高职教学管理，就要从横的方面来研究它与社会其他部门，如经济、文化、科学技术等各个部门之间相互依存、相互促进、相互制约的关系。一定社会的生产力发展水平、科学技术的水平及其发展速度、社会的经济制度、国家政权的性质对教学管理都有重大影响。搞好高职院校教学管理的一个重要前提就是要切实了解在一定的历史时期这些关系的具体内容，而不能离开社会孤立地考察教学管理的问题。

（二）坚持发展的观点

一定的教育制度和管理体制都是社会发展到一定历史阶段的产物。判断一种教育制度和管理体制的优劣，必须根据一定发展阶段的时间、地点和条件来分析和考察。要防止把某种教育制度管理体制绝对化，把其看成尽善尽美的模式，一切事物都在发展之中，教育制度、管理体制也在发展之中。我们应在发展之中把握其发展趋势，摸索、选择其适合当时、当地具体情况的教育制度和管理体制，而且还应随着社会其他部门（如经济、文化、科学技术等）的发展而自觉地调整教育制度和管理体制，使之相互适应。

（三）坚持实践的观点

实践是检验真理的唯一标准。什么是成功的经验，什么是失败的教训，什么是符合科学的管理。判断的办法只有一个，就是实践。经过实践证明能取得良好效果的管理，就是正确的管理，就是科学的管理。但是，正确的判断只是实践的第一步。因为各个学校的情况（如培养人才的要求、学校的历史传统、现实的条件等）不同，要把别人的经验变成自己的东西，还要通过实践，在实践中消化别人的经验，并在实践的基础上，把感性的认识上升到理性的认识，把零散的经验上升为理论的原则，从个别中概括出一般。研究高职院校的教学管理还应该采取下列各种方法，即历史法、调查法、试验法、观察法、比较法、移植法等。有些常用的具体方法包括在这些基本方法之中，如谈话法、问卷法就是调查法的组成部分；有些方法则是上述方法的综合。

历史法是运用文献史料进行研究的方法。它主要分析研究高职院校管理实践和理论，认识高职院校管理制度、原则和方法演变发展的规律，继承前人创造的经验和成就。

调查法是通过谈话、问卷、开调查会、分析书面材料等手段，有计划地、系统地了解高职院校教学管理工作的实际情况，弄清成绩和问题、经验和教训，总结发展趋势，概括出学校管理的规律。

试验法是按照某种管理体制、原则和方法，挑选条件比较适合的高校进行试验，以实际效果来检验、补充、发展或者否定这种管理体制、原则和方法。试验法的特点在于研究者对研究对象进行一定的人工控制，以便较准确地确定事物的矛盾，探索产生问题的原因以及这些问题的联系和关系，检验方案的效果，补充并发展某种理论和原则。

观察法是按照一定计划，对研究对象——高职院校教学的全面管理或某一方面的管理进行系统的观察，以便全面、正确地掌握材料，作为研究和判断的依据。

比较法是对当前世界各国高职教学管理的体制、原则和方法进行比较，来总结出规律性的管理经验，以便洋为中用。

移植法是从别的企业、行业、部门的科学管理中吸取适于高职学院管理的原则和方法。

需要指出的是，高职学院教学管理比较复杂，不能仅仅依靠某一种方法进行研究，而是需要几种方法的配合，才能揭示其本质的联系，认识其规律。例如，当我们研究如何改进某一高职学院的教学管理工作时，就可以通过调查法全面了解各种具体情况；通过观察法去确定各种现象的具体表现；通过实践法探索形成各种现象的因素；通过历史法寻找各种问题发生的根据、发展的过程及解决问题的方向和途径等。

只有善于根据具体情况、任务、要求和条件，把各种研究方法配合起来，取长补短，才能比较顺利地达到研究目的，从而取得更好的成果。

三、高职教学管理理论研究

教学管理是一门科学，也是一种特殊的实践活动，只有用正确的理论作指导，教学管理才能卓有成效。正所谓"没有理论作指导的实践是蛮干，没有实践作基础的理论是空谈"。在我国高职教育刚刚起步，高职院校教学管理面临许许多多新情况和新问题的情况下，积极投身教学管理研究和教育理论研究，是每一位教学管理人员的基本任务。

如何开展教学管理研究和教育理论研究？在管理工作中只要做到"两结合、两为主、高质量、回头看"就可以自觉进入研究状态，随着时间的推移和经验的积累就可以体会到收获的喜悦。"两结合、两为主"是指：理论问题研究与应用问题研究相结合，以应用问题研究为主；长远问题研究与眼前问题研究相结合，以眼前问题研究为主。"高质量、回头看"的意思是：开展某项新业务尽可能做到高质量、高标准；在完成任务后，必须认认真真地写好总结经验，在实践的基础上，从理论的高度进行科学总结。周而复始、持之以恒，个人的理论水平和业务能力就会出现质的飞跃，就能在教学管理研究和教育理论研究方面有所建树，就能对高职教育的健康发展有所贡献，从而实现个人与学校事业的同步发展。

总之，在教学管理中只要掌握理论、尊重规律、利用规律、坚持原则、明确目的、讲究方法，就一定能够取得预期的管理质量和管理效果。

四、高职教学管理构想

高职教育教学角色定位，阐述高职教育和高职院校的战略定位、性质意义、作用和地位角色，突出其必须适应区域经济发展的本质使命。高职院校的专业设置与调整，结合高职院校和市场经济的特点，讨论高职院校专业结构设置、调整的意义和方法，提出一些具体的调整方法。

产学研结合模式探讨，从高职教育与市场经济接轨的大势和必要性出发，论述高职教学及其管理的观念转型，提出构建产学研结合的理论根据和操作策略。教学管理的现代化，着重讨论高职院校教育教学管理手段、方式和具体操作的信息化、网络化和规范化。高职院校的课程建设，讨论高职院校的课程特色，提出高职院校的课程改革、专业课程设置的理论依据和基本要求。高职院校的人文精神建设，分析高职院校人文素质教育的意义，提出高职院校人文精神建设的基本策略，重点讨论高职院校的学风建设和管理，提出把人文精神培养贯穿到学风建设过程中去的构想。质量标准体系构建和考试改革，讨论高职院校教学质量监控的理论意义，分析传统考试制度弊端，提出学分制引入和优化的设想，提出高职院校考试制度、内容、方法、评价体系等方面的改革设想，提出高职教学质量监控的理论依据和方法策略。

五、高职教学管理创新研究的意义

高职教学管理创新研究是一个崭新的课题，具有深刻的理论意义和可行性的实践意义。

（一）为构建中国特色的高职教学管理体系添砖加瓦

尽管相关的子课题研究散见于各级各类报刊，但也给高职教学管理提供了诸多的理论指导和决策参考，为高职教育的发展做出了重要的贡献。但这些论述毕竟零星不全且缺乏系统性，缺少整体规范体例参照。高职教学管理实践亟须系统的理论指导和规范的标准参照。因此，高职教学管理创新研究课题，能弥补高职教学理论的不足，具有十分重要的意义。近年来，我国正在加速推进高职教育大众化进程，加速高职教育的发展是实现高职教育大众化的主要途径。但是，由于高职教育大众化进程的提速，高职院校在教学理论和实践上还没来得及采取应对措施，导致高职教育在发展和管理过程中潜在的问题暴露，如特色问题、质量问题、师资问题、认识问题、动力问题、常规管理问题、学生就业问题等。很多问题迄今没有专门而深入的研究和解决，一些理论还没有得到澄清和确认。就教学管理而言，我们还缺少一套为高职教学量身定做的理论体系和操作规范。高职教育大众化和高职教学实际又迫切需要这样的理论指导。因此，研究高职教学的创新管理策略能直接为构建中国特色的高职教学管理理论体系添砖加瓦，同时又具有理论意义和实践意义。

（二）为高职教学管理提供理论借鉴

当前高职教育蓬勃发展，教学管理存在的主要问题是缺乏一套共同的管理目标与操作策略标准，教学管理的规则、规范、内容、范围、要求、策略、方法等，出现方法不新颖、规则不符合实际等问题。这些问题的根源在于缺乏一整套的符合社会需要和学校实际的、具有高职教学特色的管理理论体系和常规体系。显然，如果在基于清晰的规定目标建立一套管理规范，而且这些规范是在对学生就业的社会和市场高质有效的检验结果的基础上制定，那么高职教学管理将逐渐规范、成熟。因此，提出并实施高职教学管理创新研究课题，可以为高职教学管理提供理论指导和实践操作规范，并直接为高职教学服务、为学生服务、为社会服务。

（三）为提高高职教学质量提供评价标准

高职教学管理包括教学质量评价体系的构建和实施，提高教学质量是高职教学管理问题中的应有之义。教学质量标准能使高职教育更加关注教学结果而不仅仅是关注输入，质量标准的制定要求教育教学评价与某种既定的标准挂钩，达到了既定标准的高职教育就是高质量的教育。同时，质量标准能使不同的教育机构为相似的群体提供标准一致的服务，避免服务质量的高低不一、参差不齐。此外，高职教学质量标准的制定能改进教学评价与诊断，为教学计划提供参照系，进而提高教学绩效。规范的教学质量标准和评价体系能促成高职院校育人质量的提高，使高职院校提高生产力与产品的品质，进而提高学校的区域和国际竞争优势。显然，高职教学管理创新研究能直接解决这些问题。

（四）为高职教育的专业结构调整提供决策依据

在高职教育专业结构处置上，我们面临的紧迫任务具体有：高职高专教育的专业需要主动适应地方经济和行业的需要，并按照技术领域和职业岗位（群）的实际要求设置。专业内涵应体现高等技术应用型人才的知识、能力和素质的要求，应有足够的技术含量。所设置的专业不仅应针对社会需求，更应考虑技术内涵是否达到高职教育的水准，专业设置还需论证其教育效益、稳定性和毕业生就业状况，这些都需要给出具体答案。同时，高职教育的专业设置必须满足社会对高技术发展的需求，达到第三产业蓬勃发展的要求。

我国高职院校的不少专业是应高技术发展的需要而产生的。当前，我国正处在产业结构变动的关键时期，第三产业比重迅速增加。因而，培养大批第三产业发展需要的高等技术应用型人才，正是高职教育的重要任务。我国农业现代化与农村经济的发展，也都需要能为农业发展服务的高等技术应用型人才。所以，高职教育在设置专业时，必须注重这三个方面的需求。而如何适应这些要求，实现专业结构的战略调整，也需要给出切实可行的论证。因此，高职教学的创新管理研究，能为高职院校的专业结构调整提供理论指导和实施规范，有利于学校的整合，及实现学校与社会的良性互动和有机结合，促进高职教育和现代化建设的健康、和谐和可持续发展。

此外，高职院校教学管理创新的研究，对高职院校的学风管理、人文精神建设、教材建设、师资管理，都给出了理论概括和策略探究，能提供一些专题的教学模型和实践模式，包括具体的操作策略，这对高职教学管理的理论创新，对高职院校教学的具体管理，都具有可借鉴的实践意义。

总之，高职院校教学管理创新的研究，既具有深刻的理论意义，又对高职教学管理起到具体的指导作用。这是一个理论性和实践性、可操作性有机结合的科研课题，值得深入研究和反复实践。

第五节　教学管理的体制与模式

一、教学管理体系

教学管理是一个完整的体系，又是一个纵横相连、交叉相间的多维矩阵系统。高职院校中的教学管理一般以三维系统进行分解，即以时间为序的层次排列；以条条（组织从属关系）为序的纵向排列；以块块（工作性质的联系）为序的横向排列。

（一）时间层次系统

一般分为长期、中期和年度计划三种。教学工作计划为了与国家长远的教育规划和科技规划相衔接，也应制订本校的长远规划，对学校的发展蓝图以及重点发展方向等做一个规定性的描述，以便作为学校今后教学工作的指南。年度教学工作计划是指学年工作计划，是一种可操作性的计划。

（二）条条纵向系统

学校一般按其组织的从属关系要求各级制订教学工作计划，以便检查与督促全校上下共同完成学校的教学工作目标。一些高校的纵向计划大体按学校—系—专业—教研室—个人来安排这种纵向系统，其优势在于各级间有从属关系，计划内容层层落实，便于督促检查。

（三）块块横向系统

块块横向系统是一种以工作性质相同为联系的，跨组织的校内横向联系系统。目前，教务处内各科室的教务管理、教学质量管理、教材管理、实训基地管理等工作都与各系、各专业、各教研室相互联系。

二、教学管理的模式

模式就是应用事务形状、关系、图表、数学公式等来表达某事物发展的内在联系，以达到直观明了、易于掌握的效果。

为了便于进一步说明学校教学管理各组成要素之间的内在联系，现将教学管理以其纵向、横向、时间层次为关系建立一个系统模式，以便建立一个科学的管理体系，更好地把各个部门的管理组织起来，形成一个有机整体，以达到相互协调、顺利运转的功能。

教学模式是在一定的学习理论、教学理论等理论指导下，根据对学习内容、学情的分析，从而形成的对教学过程的组织方式的简要概括。它是对课堂教学结构和教学过程实施的一种假设。由于学习理论和教学理论的发展性和复杂性，以及教学内容和学情的差异性就决定了教育教学模式的多样性。每一种模式都有其优势、局限性和适用环境。因此，就存在着多种模式的选择和组合，以及优化的现实性。

教学模式按其适用范围的不同，可以分为以下三个层次。

（一）宏观层次

以"教为中心"的传统模式，以"教为主导，学为主体"的过渡模式，以"学为中心"的未来模式。宏观层次的教学模式，是一定的教育思想在教学实践中的反映。随着教育思想的更新和信息技术的迅速发展，忽视学生学习主体性的传统模式，将逐次被学生主体性过渡模式和未来模式所代替。

（二）中观层次

中观层次的教学模式是对教学过程实施程序的一种规范，有接受教学模式、程序教学模式、问题解决教学模式、探究发现教学模式等。接受教学模式以讲为主，系统讲授和学习书本知识；程序教学模式是设置个人学习情境，严格控制学习过程的模式；问题解决教学模式以问题为中心，组织学生在活动中学习的模式；探索发现教学模式是提供结构化材料，引导学生进行探究发现式的学习模式。

（三）微观层次

微观层次的教学模式是对课堂教学结构过程的一种假设。通过对认识论、课程论、教学论、价值论、方法论等的研究，从逻辑结构、历史结构、学科结构所进行的探索得到的各种教学模式。

三、高职院校常用的教学模式

教学方法具有变异性和灵活性，教师可以灵活地选用，且应与教学实践相结合，努力设计和创新，这是课堂教学优化设计创新的重要保证。教学方法应用、设计和创新的基本原则，有以下十点。

（一）启发式教学模式

启发式教学模式要求按照认知事物、掌握知识技能和解决问题的思维过程，逐步启发、引导学生专注认知对象，引导探究质疑释疑，激励思考，层层深入，直到积极主动地领会和掌握知识技能。启发类型多种多样，如激疑启发、情境启发、比喻启发、联想启发、类推启发、想象启发、臻美启发、对比启发等。启发式的实质，就是启动学生的学习主体性、主动性、积极性，变教学的单向传输为双向互动。

（二）互动式教学模式

互动式教学模式是以培养学生自主意识和创新能力，以"让学生爱学、会学、善学"为目标的教学结构模式。它把传道、授业、解惑看作是师生之间的情感交往和沟通方式，是一个动态的、发展的、教与学相互统一的交互影响和交互活动过程。在这一过程中，师生关系及相互作用得到调节，形成和谐的师生互动、生生互动、学生个体与学习中介及个人环境互相影响，从而产生教学共振并达到教学效果的一种教学结构模式。

（三）发现式教学模式

发现式教学模式是在教师的引导、启发和激励下，使学生通过一系列发现的步骤，去主动、自觉地探究知识、技能或理论。这种方法有助于培养和发展高职生的认知兴趣、创意的好奇心和创造欲，以及独立观察、发现、思考和解决问题的能力。

（四）问题引导式教学模式

问题引导式教学模式是以问题为引导，组织学生为解决某一问题而展开学习（如自学各种材料、查阅文献资料、讨论、通过现代媒体学习等），而将学生独立探索与掌握知识、技能有机结合起来的一种新型教学策略。它强调学生科学思维能力的培养，强调早期接触生产实践，强调在任务模拟环境下学习。具体实施如下：

第一，向学生提供一套经过精心设计的问题或问题情景，以此引导学生去思考、学习相关基础知识。设计的问题必须紧密结合生产实践或生活实际，有适宜的广度、深度，通过努力和教师的指导，学生能够独立解决。

第二，自学与感知。学生根据自学辅导材料（包括教学目标、相关学科内容范畴、指定参考书、参考文献及其他辅导资料）和提供的各种学习条件、学习资源（如电视教材、CAI、幻灯、实物、标本、模型等）自学，以及教师辅导，从而掌握解决"中心问题"的相关课程知识、技能。

第三，小组讨论。学生写出书面材料，对问题提出合理解释及处理、解决办法。在教师指导下进行讨论，相互启发，使问题解决更加完善。

第四，对学生的学习成绩及学习效果进行考核，对解决问题的方案进行评价，并利用反馈信息改进教学。

这种教学模式的主要有以下两点。

第一，教学内容的组织与展开打破了现有学科体系的人为界限，以实践中的问题为线索，将各个相关课程的知识综合起来，按照学生解决某一中心问题的思路去设计，将理论教学与职业实践结合起来，从而实现学生在解决问题中学习。

第二，充分调动学生的主观能动性，在问题引导下，以自学为主，使学生的学习成为自主性、探索性的活动。它要求学生独立寻找解决问题的途径和方法，并在解决问题的过程中学习知识和技能，而教师主要负责组织和引导学生完成任务。

（五）案例教学模式

案例，可以理解为以一定的媒介（文字、声音等）为载体，内含教育教学问题的实际情境。案例教学是较先进的一种教学模式，它是指教师在教学过程中，依据教学目标，针对教学内容，而选择适当案例作为教学素材，在特定的教学情景中，师生共同运用理论分析和解决问题的一种教学方法。

生动的情境性、高度的拟真性、灵活的启发性和鲜明的针对性是案例教学的基本特征。在案例教学中，使教学与实际情境沟通和融合，且师生在生产、生活、社会实际的基础上创设富有挑战性的问题情境，在获取信息、分析和解决问题的过程中，形成自主教学，感受知识和科学方法的实际价值，提高学习兴趣和热情，发挥学生的学习主动性、创造性。这是案例教学的情境性特征。教学案例是在实地调查的基础上精炼地编写出来的，具有典型性和拟真性，可以训练学生通过信息的搜集、整理、加工，来获得符合实际的判别能力。教学案例提供的是虚虚实实、能诱人深入的思维空间，具有灵活的启发性，可以达到最佳的学习效果。教学案例针对性强，学生通过案例分析，可以形成一套独具特色的、适合自己的思维方式和工作方式。

案例教学的意义在于能促进教师转变教学观念，不断探索新的教学内容与教学方法；激发学生浓厚的学习兴趣，乐于结合实际探索研究；培养学生的沟通能力、合作能力、分析与解决复杂问题或疑难问题的能力。

（六）项目教学模式

项目教学模式是在教师主导下，学生完成一个"项目"工作而进行教学活动的模式。这里的"项目"是指完成一项具体的、具有实际价值的"产品"。

项目教学模式是高职生接触社会、接触职业实际，发挥学习主体性、主动性，获得知识技术、培养和发展能力，形成职业素质的最重要的教学模式，它既适用于项目课程，也用于很多其他课程。

项目教学模式要求教师接触社会职业，广泛收集有关信息，精心挑选教学项目，在与学生共同讨论基础上，确定项目教学目标和具体任务，再由学生根据已掌握的知识和技能，独立自主地或在教师帮助下，实施和完成项目。项目的完成要受教师乃至职业专家的真实性评估。

项目教学模式能够激发高职生的自信心、创意创造意识；及早接触职业实践、形成职业能力、态度和素质都具有积极的、良好的效果。

（七）现场教学模式

现场教学模式是在真实情境（工厂、企业、职场；高职院校实训中心、基地、教学工厂）下，按教学目标、内容和任务，通过师生互动、边讲边看、边讲边练、讲、看、练有序结合的教学方法。

学校实训中心或基地、教学工厂，可以模拟实际职业岗位，创造真实性职业场景，创造出实际职业不具备的优势，如可以不破坏正常的生产、职业工作和生活秩序；可以方便地展示设备的内部结构和复杂的工序动作，有利于高职生了解其结构原理、动作原理和工作程序；可以人为地设计一些常见的故障，供高职生分析、判断和排除，实实在在地掌握真正的职业技术知识和技能等。

现场教学模式的优点在于：通过视听渠道直接收集工作任务和工作过程的信息（如技术知识、技能、技巧等），一目了然，便于在头脑形成表象，进而经头脑加工即类比或联想，内化为新的知识存入大脑中；讲练结合，使高职生亲自感受和体验，取得直接经验的知识；高职生通过真实或仿真的环境，尽早地接触到"岗位"，培养职业感情、品质和能力，逐步进入职业"角色"；而且还可以提高高职生亲自发现、分析和解决问题的能力。

现场教学对教师要求很高，要做好现场调研、确定现场教学的内容项目，动员学生做好精神和物质等多方面准备，到现场后要做好讲解与示范，在学生开始练习或实训后，要做好巡视与指导，积极督促强化训练，结束后要针对现场教学的收获和问题，做出针对性的点评，让学生做好实训、实练报告并布置好后续的学习任务。

（八）插播教学模式

插播教学模式是在讲授过程中，适时穿插播放电教教材（如电视短片等，短则几分钟、长至十几分钟）或视频的一种教学模式。具体实施如下。

第一，在教室内配备放映机或闭路电视遥控操作装置或简易传话装置，最好是配备教师直接操作录像机的装置。

第二，教师针对重点或难点（尤其是那些难以用语言或其他媒体表达的内容），选择或制作插播型电视教材（插播短片）。

第三，设计好教学方案和程序，确定插播片的插播时机、方式和时间。可以采用先讲后播、先播后讲、边讲边播等形式。讲播结合、相互补充和促进。

第四，插播电视教材应与文字教材配套，内容精练、时间短；且要有明确的目的，不随意凑合。

这种模式有以下三个特点。

第一，可以优化教学过程，插播电视短片可为课堂教学提供丰富的感性材料，有利于突出重点、攻克难点，使传统教学与电化教学融为一体，取长补短，相辅相成，显著优化课堂教学过程。

第二，该模式机动灵活，播讲穿插形式多样。可克服一般电视教学播放时间长、一过性、节奏快、难以记忆、缺乏交流思考等缺点。既能发挥教师主导作用，又能显示电化教学动态直观和高效率的优势，增加教学的生动性、直观性、趣味性和灵活性，还可方便师生双向交流。

第三，方便实用，效益显著。插播片短小精悍，内容精练，有的放矢，突出重点、难点，方便课堂教学，且制作简便、经济实用。

（九）程序片教学模式

程序片教学模式是将某一课程中适合程序教学的内容，按照易于接受的次序制成电视教材，配合课堂教学播放，使学生的学习按一定的程序规范化开展，使插播教学逐步深化和发展。实际上，程序片教学是系列化、程式化和多样化的插播教学法，也可以说是程序教学模式的一种具体应用形式。具体实施如下。

1. 程序片的设计与制作

选题要精心，宜选取形象性、动作性或动态性鲜明的内容，它应是教学内容的重点和难点；程序片的片集，宜一片一题，重点突出，既可用于单独地辅助课堂教学，也可组合成完整的内容体系，做到一片多用。例如用于系统复习等；还可以进一步编制成多媒体 CAI 程序教学软件，用于智能程序教学。

在程序片设计思路上，要体现分析、解决问题的过程。对于科学结构不要和盘托出，应给学生留有独立思考的余地。在制作技巧上，节奏要舒缓，尽量采用形象或模拟手法，衔接力求通畅，音乐要慎用。

2. 精心设计教学程序

具体的教学程序，因学科不同而不同。但应将教学内容按"小步子"原则，逐步向学生清晰地展示出来，并提出问题，或让学生主动地寻求答案，或教师通过媒体给出解答。也就是说，要制作足够的程序化教材，强化学生自学，并设计出适宜的问题，使学生做出积极的反应，并以鼓励、强化等方式，让学生获得学习成果的及时反馈，树立自信心和成就感。

程序片教学模式的主要优点：一是按"小步子"原则，编制程序化教学方案，使各教学环节环环相扣，循序渐进。二是按及时反馈的原则，编制恰当的练习，可使学生的学习得到确认、强化和反馈。三是需要配套足够量的系列化电视教材或其他电教教材，以实现课程教学的整体优化。

总之，教学内容结构化、课堂教学结构程序化（问题—感知—解答反馈）、电教教材系列化是程序片教学的主要特点。

（十）视听强化教学模式

视听强化教学模式是根据强化理论，充分发挥电化教学声、光、形、色、动等对视觉和听觉器官的直接作用，从而产生强化效果的一种新型教学方法。该法的实施如下。

1. 要设计强化教学程序

一般教学程序是刺激—反应强化所构成的序列，即应用电教媒体色彩的变化、画面的显示、镜头的快慢、转换、停格、特写、物特技、字幕等手法，促成学习过程刺激与反应的联接和知识的内化。如在外语语言教学中，先提供示范发音和必要的讲解，接着让学生模仿发音，紧接着进行视听强化，即应用电视教材，显示发音时口舌的变化方位、力度、持续、停顿、气流、运动等视觉形象及示范发音，从而达到形成视觉表象与发音动作协同一致的强化效果，并可根据模仿发音情况，纠错矫正，进行再次强化。

2. 要适当选择强化时机

一般宜选择紧跟在那些要加以巩固的反应以后立即予以强化，并在 2～3 天内再次强化，以巩固强化效果。

3. 强化物通常是操作条件反应后得到的"报酬"或"目标物"

在教学过程中要设置一系列的强化物，需利用多种强化方式和手段，对每一个小的教学步骤或单元进行有效的正向强化（积极反应的强化）。如让学生明确每一学习步骤的具体目标和意义，它可以引起学生的积极反应、兴趣及满足感，如教师善意的微笑、表扬或奖励，电视教材的特写、醒目的字幕、学习难点的重复、重播。

4.要准确设计强化的方式与频度

对于高职学生来讲，应设计适应其心理特点的具体方式，并以激励成就感为主。按时间序列，一般可分为固定间隔强化和可变间隔强化两种方式。固定间隔强化是每隔若干时间后，接着进行一次强化；可变间隔强化的间隔时间则是随机变化的，有时可连续给予强化，有时则隔较长时间才给予强化。一般来说，可变间隔强化的反应比率比固定间隔强化要高一些。

视听强化教学法的主要特点是充分利用视听媒体的再现性、模拟性去实现重复学习和多次强化的目的，并结合运用言语强化、内部强化等多种方式，产生强有力的学习激励作用，具有正向激励、行为矫正、行为塑造等特殊作用。这一教学法尤其适宜需要反复训练和识记的课程，如外语、体育、舞蹈及形体课程等。

四、教学模式的选择策略

每种教学模式都建立在高职的教育理念、理论、观念和逻辑结构的基础上，都有其特点或适用范围，以及基本教学过程，也有其一定的局限性，并且没有普遍使用的教学模式。这样，就有一个选择的问题。有时，还可能采用两种或两种以上模式的问题，这就又有一个优选、优组的问题。因此，在优选、优组教学模式时，要讲究策略。一般要考虑以下四个问题。

第一，所选择的教学模式，应当反映一定的高职教学理念、理论和教学观。

第二，所选择的教学模式，应当体现出确定或强调的高职教学目标，并具有可调控的教学策略和可操作的程序。

第三，所选择的教学模式，应当适合学生的学习水平和学习风格。

第四，所选择的教学模式，应当适合其使用范围，并能发挥其特点。

第二章　高职教育管理分类实践

第一节　高等职业院校文化管理

一、文化和文化管理的内涵

"文化"的基本内涵，即观念形态、精神产品、生活方式。具体来说，它包括人们的世界观、思维方式、心理特征、价值观念、道德标准、认知能力，以及从形式上看是物质的东西，但透过物质形式能反映人们观念上的差异和变化的一切精神的物化产品。

文化管理就是"人化管理"，就是以人为根本出发点，并以实现人的价值为最终目的的尊重人性的管理。这种管理是靠管理主体与管理对象之间所形成的文化力的互动来实现的。文化管理的核心是"以人为本"。

学校文化管理与企业文化管理有着密切关系，它借鉴了企业文化管理的思想，但是学校文化管理更是它自身内在文化因素发展的必然要求。因为学校本身就是一种文化存在，是一个文化实体，它是以传承和创造文化为己任的，是以文化为中介培养人、塑造人的机构。

学校与文化的关系是其他任何社会要素、社会组织所不可比拟的，在学校管理中，应当更重视文化的因素。文化管理是学校管理顺理成章、水到渠成的结果。

学校文化管理是以文化为基础，注重学校文化建设，并利用文化要素和文化资源实施调控的学校管理活动，它具有价值性、伦理性、知识性、人本化、合作性、品牌形象性、整合性等特征。

学校文化是学校的灵魂。学校文化不仅是老师的灵魂，更是学生的灵魂。学校文化建设的核心在于师生的认同感，认同的关键是参与。可以说，无论是学生还是老师，如果对自己的学校文化没有清醒的认识，就会像身处异国的游子，不时的产生陌生感和沮丧感。

二、大学文化管理的特点和意义

（一）文化管理和大学文化管理的特点

1. 文化管理的特点

（1）管理的中心是人

从科学管理以物为中心转变为文化管理以人为中心，人既是管理的出发点，又是管理的落脚点。尊重人、关心人、培养人、激励人、开发人的潜力，是文化管理的关键。

（2）管理的人性假设前提是"善"

科学管理把人看作"经济人"，以"性恶论"为哲学依据；文化管理把人看作"自我实现的人"和"观念人"，以"性善论"为哲学依据。

（3）控制方法追求主动

科学管理以外部控制为主，重奖重罚是主要手段；文化管理中心内置，依靠人文关怀等激励手段调动、激活行为主体的内在需求和动力，追求主动发展。

（4）管理重点为文治

科学管理直接管理人的行为，职工的一言一行都有制度约束，是典型的法治；文化管理严于管理人的思想（信念和价值观），间接影响人的行为，是一种新的管理方式——文治，即以文化来治理。

（5）领导者类型为育才型

在科学管理中，领导者如同乐队指挥，属于指挥型领导；在文化管理中，领导者既是导师又是朋友，属于育才型领导。

（6）激励方式以内化为主

科学管理以外塑为主，依赖于工作的外部条件；文化管理以内在激励为主，着重于满足职工的自尊和自我价值实现的需要，依赖于工作本身的魅力。

（7）管理特色具有人情味

科学管理的特色是纯理性管理，排斥感情因素；文化管理的特色是将理性与非理性相结合，是有人情味的管理。

（8）组织形式具有开放性

在科学管理中，权力结构明确，是"金字塔形"组织；在文化管理中，权力结构模糊，管理者与被管理者互为平等，是平等沟通、自我学习的学习型组织。

（9）管理手段具备"软"特征

科学管理是依靠强制性的制度和物质手段的投入；文化管理是依靠思想交流，价值观的认同，感情的互动和风气的熏陶，即依靠非强制性和非物质性手段的投入。管理由硬管理为主走向软硬结合，其以软管理为主。

（10）管理者和被管理者的关系改变为同伴互助

科学管理强调上级与下级之间的关系，管理者靠制度约束人；文化管理中管理者和被管理者是为了共同的目标而携手并进的，是合作伙伴关系。

2.大学文化管理的特点

（1）教化性

大学以人才培养为天职，大学文化必须始终围绕育人这一中心任务展开。大学"以文化人"，即通过文化潜移默化地感染人、熏陶人、教化人，从而实现陶冶情操、思想感化、价值认同、行为养成的目标。教育的目的是促进人的全面发展，大学文化育人的过程实际上就是塑造健全人格、开发智力潜能、丰富生命内涵，使受教育者得到自由、全面、完整发展的过程。

（2）导向性

文化并非一个中性的概念，其本身具有鲜明的价值取向。当今社会呈现出多元思想文化相互交织、相互激荡的格局，它需要一个占主导、支配地位的价值观来引领大学文化建设。在大学文化建设中，必须坚持不懈地用中国特色社会主义理论体系教育师生，推动中国特色社会主义理论体系进教材、进课堂、进头脑；加强理想信念教育，弘扬以爱国主义为核心的民族精神和以改革创新为核心的时代精神；深入开展社会主义荣辱观教育，全面加强学校思想道德体系建设。

（3）独特性

有个性才有魅力，特色鲜明的大学文化才是有生命力的文化。虽然大学精神具有探索真理、崇尚学术、传承文化等共性追求，但由于各个高校文化传统、类型风格各异，社会对大学的需求多样化，因此必须建设和发展各具个性的大学文化，营造不同类型、不同层次、不同风格的大学文化形态，形成异彩纷呈、和谐互补的整体大学文化格局。

（二）高等职业院校文化管理的意义

纵观学校发展的历史，正经历着从经验管理、制度管理（科学管理）向文化管理转型的历程。学校文化管理是一种新型的更高级的管理形态，是学校经验管理、制度管理（科学管理）的总结和升华，是管理内容的回归，是与知识经济时代相适应的新的管理方式。作为学校管理者，对构建文化校园，积极推进学校文化管理，具有极其重要而深远的意义。

随着社会主义市场经济体制的建立和完善，学校建设中也逐渐引入了市场力量，学校之间的竞争在逐渐地加剧。学校要在竞争中处于优势地位，必须具备某种核心能力，充分发挥文化传承创新功能、文化辐射引领功能和文化服务支撑功能，从而对学校的发展具有深远的影响。文化对学校和人的发展产生的影响可以从深、广、远几种状况来理解。

1. 深

学校文化管理是一种内隐的、深层次的、无形的力量，这种力量决定着学校的改革、发展和成败。文化是根、是魂、是格、是力。学校文化具有导向功能、提升功能、凝聚功能、激励功能和稳定功能，这为学校的发展带来动力。

2. 广

文化无处不存在、无人不显示、无事不体现，弥漫在整个学校的全部生活之中，甚至影响到社区文化和城市文化。

3. 远

与生俱在、与校共存、与人同享，学生时代有幸经历先进学校文化的熏陶会一辈子回味无穷、受用不尽。

高等职业院校文化的内部功能主要表现为教化育人，大学文化的外部功能则包括文化的传承与创新、传播与辐射、示范与引领、服务与支撑等诸多方面。党的十九大指出了深化文化体制改革，完善文化管理体制，建设社会主义文化强国的目标，对大学发挥文化功能提出了更高的要求。大学在服务文化发展、促进文化繁荣方面重任在肩，大有可为。

三、高校文化素质教育的管理现状

目前，我国高校文化素质教育管理机构有以下几种建制：第一，管理机构附设在教务处，人员和业务归于教务处；第二，全部归于学工部门，人员和业务直接设置在学工部下面；第三，成立专门的常设机构，直接隶属于学校领导；第四，成立学院，负责文化素质教育工作。

教育部也曾在高等学校文化素质教育指导委员会建立了一套针对设置大学生文化素质教育基地的高校基地评价指标，但是其评估对象是学生文化素质教育基地，而不是对教育的成效进行评估。

总体来看，目前高校文化素质教育管理存在的问题主要有：①管理机构条块交叉；②课程设置与实施方式随意性大；③课程内容存在知识化倾向；④评价体系不完善。

四、学校文化管理的构建

学校文化与制度管理是有机统一、互为补充的。做管理工作最终的落脚点是人的思想问题。严格管理的规范制度能否落实到位，取决于人的思想高度和认识程度。学校文化必将为制度管理提供一个人文环境。

可以说，文化与制度的关系如道德与法律，学校文化是学校制度的有益补充，两者相互统一。总之，学校文化的出现和完善不仅是学校发展的必然，也将是传统教育方式向素质教育方式转变的必由之路。这种文化又是人的文化，是以人为本的文化，突出"人文""人本""人情""人性""人权"在管理中的作用，从而形成一个强大的"磁场"。校园文化建设在学校管理中的作用按其不同层次来划分，主要表现在以下几个方面。

（一）用物质文化陶冶人

校园物质文化是校园的外显文化，是以某种文字符号为载体，将校园精神显现于校园的各种标记物之中，如校服、校歌、校刊校报、雕塑、学校建筑、艺术节、文化墙、名言警句等。它是校园思想文化建设的前提和条件，是思想文化、制度文化赖以生存和发展的基础和载体，有利于陶冶师生的情操。

（二）用制度文化规范人

校园制度文化是指校园之人在交往过程中缔结的社会关系以及用于调控这些关系的规范体系，是校园一切活动的准则，它包括相关的法律法规、学校管理体制及其规章制度、组织机构及其运行机制、特定的行为规范等。校园制度文化从根本上决定着校园的正常运行和创新发展，是校园思想文化的保证。建立和健全学校规章制度，塑造良好的校园制度文化，是校园文化建设的重要内容，也是提高学校有效执行力的重要保障。制度文化以其导向性与规范性、稳定性与发展性、科学性与教育性的特征彰显校园文化。

（三）用思想文化凝聚人

校园思想文化是指学校在长期办学过程中形成的一种学校意识和文化观念，它是一种深层次的校园文化，是校园文化的灵魂，其主要体现在班风、校风的建设上。班风、校风看不见、摸不着，但它渗透表现在校园内多种文化载体及其行为主体上，让人时时处处切实感受到它独特的感染力、凝聚力、震撼力。置身其中，受教育者无须教育者更多的说教，便会自然而然地、不知不觉地感悟它对心灵的净化和情感的熏陶。校园思想文化是校园的内隐文化，是校园文化的深层内涵，是在长期的校园物质文化、校园制度文化和校园行为文化的建设过程中积淀、整合、提炼出来的，反映出学校广大师生、员工共同的理想目标、文化传统、学术风范和行为准则的价值观念体系，难以用文字、符号表达出来。校园思想文化是一所学校整体面貌、水平、特色、凝聚力、感召力和生命力的体现。

校园思想文化作为一种强大的教育力量，对广大师生的健康成长有着巨大的影响：①导向功能；②凝聚功能；③激励功能；④控制功能；⑤辐射功能。

学校文化与制度管理具体包括校长文化管理、教师文化管理、学生文化管理、物质文化管理和精神文化管理五个方面。除此之外，还有教室文化管理、教研组文化管理、宿舍文化管理和食堂文化管理等。

第二节　高等职业院校课程管理

一、高校课程管理的意义

高校课程建设是学校教学基本建设的重要组成部分，是提高教育教学水平和人才培养质量的关键，它对高校的教育质量有着举足轻重的影响。近年来，国家狠抓教学内容、课程体系和教学方法的改革及教学管理，对高校课程建设提出要求，以提高高等学校的教学质量。

从理论上说，第一，课程管理不仅是一个研究领域的开拓，而且是课程理论研究的逻辑发展，是课程理论的自我完善。课程理论要走向成熟，就要解决课程理论中的课程开发、设计、评价等基本理论问题。随着课程理论改革的深入，课程管理问题就必然要被提到议事日程上来，课程管理与整个课程领域的问题及其他问题都相关，重视课程管理的作用和研究也是课程理论自身发展的要求。第二，高校课程管理研究是高等教育管理研究的必要补充和突破。高等教育管理的研究与高校课程管理的研究在总的方向上是一致的，都是为了更好、更有效地培养所需的人才，及更好地满足高校与社会的要求。而高校课程管理涉及的问题要具体得多，如课程标准的制定、课程实施过程的监控及管理机构的设立权限、职能的规定，它们都是具体的工作。高等教育管理学涉及的是整个高教管理领域的问题，它能提供的不止于各种问题的原理的内容，以及对高教管理的分析框架。它的一般理论特性，使其不能对像课程这样的特定领域做出直接的运用，而且由于高等教育管理学的研究范围的限定，使其不能对课程管理的问题做出详细的讨论。所以，正像教育理论不能替代对高校课程管理的研究一样，开辟高校课程管理的研究领域就非常切合实际需要。

从实际层面看，第一，高校课程管理研究促进了高校管理观念的转变与确立。高校的管理运行机制长期习惯于自上而下的行政控制与管理，学校的设置与发展规模、学生的培养要求等都由国家计划限定，这种无竞争又无淘汰的运行状态极大地限制了高校自我发展的能力。第二，课程管理研究可以促进课程行政的顺利转轨。课程管理研究内容的变化会使课程管理体制做出相应的变革。课程行政转型之后，又可以使学校课程管理更加灵活有效，从而有利于调动中央、地方和高校三方面的积极性；有利于中央、地方、高校课程管理各司其职，明确权限，提高课程管理水平。第三，课程管理可以使高校课程改革健康、顺利的发展。课程改革是整个教育改革的突破口，课程改革是教育改革成败的关键。课程改革是一个系统的过程，其组织、实施、评价和推广等需要课程管理的介入。假如这些工作不能实现，那么课程改革就不能取得良好成效。我国的课程管理水平已经落后于课程改革的需要，课程改革的深化正期待着课程管理水平的提高。

二、高校课程管理研究的现状

（一）课程管理的研究课题

课程管理研究正处于起步阶段，明确课程管理领域要探讨的问题显得十分必要。钟启泉认为，课程管理的工作内容有关于课程标准的工作、关于课程编制的工作、关于课程实施的工作、关于整顿课程实施条件的工作和关于课程评价的工作。

（二）课程管理体制研究

关于课程管理体制的类型，国内研究较多的是课程管理体制方面。课程管理模式可以分为统一计划型、分散管理型、板块型和蛋糕型四种，经过比较分析，认为实行统一与分散结合的模式（体制）是我国课程管理体制改革的最佳方向。我国的课程管理体制改革不能采取激进方式。在改革过程中，第一，要将课程管理权做合理分解；第二，应采用并行和渐进策略，促使课程管理体制顺利过渡；第三，要吸取板块型和蛋糕型的各自优势，提高课程管理体制的科学化。

（三）课程管理过程研究

课程运行的管理包括组织力量。在对课程环境调查研究的基础上进行规划决策，如确定课程目标、设计课程结构、选择教学内容等。在课程实施阶段，要通过组织、协调、控制等一系列手段，使课程资源得到充分有效的利用，以便取得最优的课程效果；通过对课程实施结果的评价，找出结果与目标之间的差距，对决策过程和实施过程进行修改、校正，使课程系统最大限度地接近课程目标。

（四）高校课程管理研究状态

高等学校课程管理是以高质量的人才产出为宗旨的，然而高校课程的运行往往偏离这一目标。

高校课程管理体制是高校课程管理机构和课程管理规范的统一体，它是整个教育管理体制的一部分，包括课程的行政体制和高校内部管理体制两种。课程管理体制主要涉及的是课程行政和校内课程管理机构的设置、职责权限的划分及其制度。高校课程管理体制本身是静态的，它对具体课程管理活动的影响，是通过课程管理机制来实现。课程管理机制指课程管理的各级机构、人员与课程的关系和运转方式。课程管理体制各部分的存在必然要求如何解决协调各个部分之间的关系和如何管理课程的问题，即机制问题。协调各部分之间的关系是一种具体的运作方式，其体现在课程管理活动之中。

第三节　高等职业院校课程考试管理

一、高校课程考试管理概述

课程考试是高等教育教学过程中的一个重要环节，是评价教学得失和教学工作信息反馈的一种手段，也是稳定教学秩序、保证教学质量的重要途径之一。因此，如何搞好高校课程考试管理，使之科学化、规范化、合理化，是高校教学管理工作的一项重要内容。

高校课程考试是指高校内部根据课程教学目标的要求和高校教育目标的具体规定，自行主持实施的考试活动，包括平时测评和学期考试两种。其基本任务是检测学生的学习成绩，督促学生学习，发现教学中存在的问题。其目的在于掌握高校的教学情况，改进教学和督促高校教育目标的实现。其功能可归结为下述五种：①检查测评功能；②导向功能；③激励功能；④鉴定功能；⑤系统整合功能。

考试管理是以考试活动为对象，以提高考试活动效率、实现考试活动预期目标为目的的专门性的管理活动。高校课程考试管理则是以高校课程考试为对象，以提高考试活动效率，检测教师课堂教学质量，发现教学中存在的问题，充分评估学生的学习效果和学习创造能力为目的的管理活动。严密科学的考试管理具有以下功能。

（一）维护考试的权威

现代社会中的各种考试都有其特定的目的，正因为如此，无论什么考试，其程序、内容、方法一旦确定，不管是考试的组织者还是考试的参加者，都必须受到考纪考规的约束，而通过考试所获得的结果，都有法定的或公认的功用和社会价值，这就是考试的权威。任何一种权威的建立和维护，都离不开一定的条件。那么，建立和维护考试权威的条件是什么呢？那就是考试的各种规章制度，它是对考试活动全过程的管理。考试管理是保证考试预期目标得以实现的活动，即对一切有可能影响、阻碍考试预期目标实现的行为予以劝告、制止直至强行控制的活动。科学而有效的考试管理可以保证考试活动在公平、公正的环境下进行。加上考试结果同样公平、公正，就会获得学生对课程考试的认可，并积极地参与考试且自觉地维护考试的规章制度。

（二）实现考试的功效

任何社会活动功效的实现都离不开一定的条件，考试活动不但是一种社会活动，而且是一种特殊的社会活动。只有具备了一定的条件，考试功效才能实现，而这些条件的创设必须依靠严密科学的考试管理，即把考试活动的全过程置于有效的控制之中。同时，这种控制必须是全方位的。全方位，是指考试活动全过程的每一个方面和每一个环节都必须有严密的控制措施。从考试的各个环节来看，无论哪个环节出了问题，都会对考试的功效造成危害。

（三）树立踏实进取的学风

所谓学风，即治学之风尚，立校之根本。它是靠广大师生员工在科学研究、思想教育、行政管理和后勤服务等工作中共同努力建立起来的一种治学态度。因此，学风问题是高校工作中的一项重要的基础建设工程，是学校教育中的一个不可忽视的问题。第一，良好的考风和学风具有很强的感染作用。学风是一种精神力量，它可以被感知、效仿、传播和宣传鼓动，从而形成强大的心理影响力和群体舆论，感染并熏陶每一位师生，而且对不适应者形成压力，使个体行为逐步适应群体行为。第二，良好的学风具有激励作用和良好的导向作用。多数学生的良好学风对少数学生的不良学风是一种示范和鞭策，促使具有不良学风的学生转向接受这种行为准则。同时，当坚持良好学风的个人受到学校的表彰时，学生会因之受到很大鼓舞，甚至将这种学风内在化，使其成为个人治学和成才的座右铭及行为准则。"一个学校有严格而合理的考试制度，是提高教学质量、形成一个良好的学风的重要条件"。严密科学的考试管理可以帮助学生形成正确的是非观，是非观是人们思想道德和行为的基础。如果在考试管理中法纪严明，不仅可防止或减少违法、违纪现象的发生，而且会引导学生对考纪考规的重要性、严肃性形成正确、清晰的认识，强化执法、守法观念，逐步养成遵纪守法的习惯，提高法纪素养，有利于消除投机取巧的不良心理，树立踏实进取的学风。可见，严格考试管理是促进学风建设的一个重要环节。

二、高校课程考试管理的构建

（一）高校课程考试应遵循的基本原则

课程考试是教学过程中十分重要的环节，它不仅要完成学生在经历一个教学过程后学习情况的评价任务，而且还要检查教师的教学效果与水平，诊断教学中存在的问题，反馈教与学过程中的各种信息，进而发挥促进教学改革的作用。它所特有的检查测评、导向、激励、鉴定和系统整合五大功能是其他教学环节所不能替代的。高校课程考试必须适应社会发展的需要，必须适应被考者的身心发展水平，必须有利于促进和客观评价学生综合运用所学知识解决实际问题的能力，必须有利于提高教师教学水平，以保证不断提高人才培养的质量。考试原则是从事考试活动、处理各种考试问题、规范考试行为所必须遵循的基本原则。

课程考试管理是一项基本的教学管理，是保证考试的公正性与客观性，正确发挥考试功效，促进教学工作的关键环节之一。考试管理质量直接关系到教风、学风的建设和教学质量的提高上，是衡量学校办学水平和管理水平的重要标志。加强高校课程考试管理应遵循以下原则。

1.方向性原则

考试管理是管理者根据既定考试目标要求，运用适当的程序、方法、手段及行为规范，合理调配人、财、物、信息等资源，对考试活动实行有效控制，以实现共同目标的一种社会活动过程。考试管理即因一定管理目标的需求而启动，又以实现预定目标为归宿，其管理过程的产生与形成均以一定的管理目标为先决条件，而目标本身总要体现为一定的方向，目标的正确与否要以所引导的方向是否正确作为衡量的标准。因此，科学的考试管理必须坚持方向性原则。

2. 科学性原则

科学性原则是指运用现代管理理论、教育测量与评价理论、教育管理理论、心理学理论等作为充分的科学依据，使考试管理活动具有可靠性、可信度，并采用科学的考试管理方法、成熟的管理经验，使考试管理活动行之有效，以利于实现预期的管理目标。

3. 公正性原则

考试管理公正与否，关系到考试的权威性，反映的是校风、考风的建设程度，而且考试直接关系到被试者的切身利益，直接影响着被试者的心理，影响着个体对社会的态度。因此，我们要积极地创造条件使考试尽量保持公正。

4. 系统性原则

系统是指由相互联系、相互作用的若干组成部分构成的有机整体。这个整体具有其各个组成部分所没有的新的性质和功能，并和一定的环境发生交互作用。考试管理是一项系统工程，它包括教学管理工作、思想教育工作、后勤保障工作等方面，涉及教学系部、学生处、党团组织、总务、保卫等部门。教学管理部门要妥善安排，才能使考试工作井然有序地进行。

（二）高校课程考试管理运行条件的探讨

考试管理，其目的在于维护考试的标准规范，维持考试实际运作与计划方案相一致，使考试沿着预先设定的轨道运行，同时对不切实际的计划予以及时调整，纠正运行过程中出现的偏差，矫正反馈信息中不正确的数据或结论，保证考试结果的真实性，并从中分析成功与失败的原因，探明修正的途径，通过反馈给新的考试运行提供理论及实践的依据。高校课程考试管理的正常运转应具备以下条件。

1. 健全的考试组织机构

若无健全的考试组织机构，自然也就谈不上深入开展考试实践中相关问题的研究。要不断更新、完善考试理论，指导新的考试实践，进而强化考试主动适应社会发展需求的能力，使之正确发挥功能。考试组织是考试队伍的依附体，考试组织不健全，就不可能形成稳定的专业考试队伍，整个考试的设计、实施与管理必然是临时拼凑的，量尺标准、实施规范、结果真实等考试目标就难以企及。

2. 素质优良的考试管理队伍

一切先进的控制技术设备，各类考试行为规范，各项工作标准都有依赖高素质的控制者通过对人的有效控制才能充分发挥其作用，进而给考试运行以积极的影响。培养和创造一支高素质的考试管理队伍是保证考试质量、提高考试效率和效益的需要。参考考试管理系统的运行环节，考试管理队伍可以划分为考试行政队伍、考试业务队伍和考试科研队伍三类。

考试行政队伍是考试队伍中常规性的人员配置组合，它包括学校、职能部门和教学单位的领导者和一般行政工作人员。考试行政队伍的职责是负责考试管理机构各项职能活动的顺利进行和考试管理目的的有效实现。

如果说考试行政队伍的建设是源自加强考试活动外部组织管理的要求，那么，考试业务队伍的建设则是出自考试流程内部运行的要求。考试活动是一个动态的运行过程，其流程要经过命题、施测、评卷等依次相连的环节，各个环节都事关考试的质量。以命题队伍为例，倘若命题人员不能把人才评价标准准确体现于测试内容和目标中，作为测试工具的试卷就失去了效能，考试活动的效果、价值也就无从谈起。

考试科研队伍是伴随着现代考试改革和发展的深入，而日益显示重要性的一支必不可少的考试队伍。其职责是结合高校教育教学实际，重点研究课程考试的理论与实践问题，从而为学校的考试活动提供理论指导。高校课程考试时间的非经常性，决定了考试管理队伍的非专职性，也就是说，他们基本上都是兼职考管人员。应该特别指出的是，为了保证课程考试质量的不断提高，非专职性的考管队伍应该具有专业性的水平。

3. 健全的考试规范、严密的考试程序和科学的考试控制标准

它们是实行考试控制的依据和准则，是引导考试运行方向、防止考试运

行偏离预定轨道的保障措施。同时，它们也是维护考试权威性、公正性的必要条件。所谓考试规范，亦即考试运行的规程和参与考试活动各类人员的行为准则。它是控制考试运行的直接依据，一般包括考务规程、命题细则、监考守则、考场规则、评卷实施细则、考试信息管理规定、保密规定、违纪处罚规定等。严密的考试程序是指从考试命题、实施到评价、分析、反馈、考场编排、各类工作人员配置等各个环节都要严格要求，注重考试的整个过程。科学的考试控制标准包含时间标准、数量标准和质量标准。

4. 良好的信息传输与反馈机制

从整个考试的过程来看，考试质量分析是信息反馈的主要途径。应该根据考试结果为学生提供反馈，以检查教学目标的实际情况，检查教学措施的实施效果，发现教与学两方面存在的问题，从而改进教学工作。研究表明，运用反馈以增加学生课堂反应数量和提高学生课堂反映质量的教学，对促进大学生批判能力的提高有一定作用。从教师自身而言，在试题反馈分析的过程中，能够及时收集来自学生的真实信息，是一笔难得的宝贵财富，是一次向学生学习和自身学习的过程。通过试题反馈分析，教师不仅了解了学生的学习需求与希望，看到了命题中需要改进的地方，并能从这一教学情景中获得许多启示和感悟。通过与学生交流，促进教学反思，在反思中学习，在反思中丰富教学经验，从而提高教学能力。从教学管理的角度而言，组织试题反馈分析的过程就是检查、反思、总结、促进教学相长的过程。它为今后命题、考试、评价等方面的教学管理工作积累了宝贵的经验，同时也为教学双方提供了一个平等、真诚的教学交流和情感互动的平台，对师生双方都起到了积极的促进作用。通过考试的质量分析，能够使考试决策层及时客观地了解考试的情况，从而对考试活动中出现的种种偏差进行分析，以探索考试偏差的原因，并进行调节和控制。良好的信息传输与反馈是保证考试决策正确的重要依据，也是促使考试走向科学化的必要措施。

三、高校课程考试管理改革的对策

高校课程考试管理是一个由多因素组成的相互制约、相互促进的封闭的动态系统。因此，改革高校课程考试管理应该坚持系统论的观点和方法。

（一）推进考试观念的深层次转变

思想观念是行动的先导，"欲革新，先革心"。转变高校领导、教师、管理人员乃至学生关于课程考试的观念，是推进高校课程考试改革的前提和基础。关于考试观念的转变，必须解决以下三个问题。第一，必须正确认识考试在人才培养中的作用与地位。第二，到目前为止，高校从领导到教师再到一般教管人员，要在思想上真正承认考试是一门科学，要真正弄清、弄懂这门科学。因为唯有了解、掌握了考试的理论、运行规律、方法与技术等，才有可能在课程考试中正确、有效地运用这门科学。第三，必须正确认识考试管理是一项关系考试成败、人才培养质量的系统工作。确保课程考试组织实施的科学有效性。

（二）建立考试中心，完善考试管理规章制度

考试管理要系统化、规范化，首先必须建立健全考试管理机构。考试是一项系统工程，为保证考试的顺利进行，提高考务人员的业务水平和考试管理质量，高校应该成立考试中心，统一管理高校课程考试。作为高校考试的综合管理机构，考试中心的职责与任务包括以下几点：①统一规划、组织和实施高校的课程考试；②建立、完善课程考试管理规章制度并坚持严格实施；③针对学校课程考试的实际和需要，开展课程考试的评估与研究；④承担考试管理方面的人员培训。

（三）培养和建设高素质的考试管理队伍

精干的考试管理队伍，是有效发挥考试管理功能的基本条件之一。严明的法纪可以使考试管理从制度上得到保障，健全的机构可以从组织方面保证考试管理功能的正确发挥。但如果没有一支精干的考试管理队伍，无论多么严明的法纪、多么健全的机构，都很难产生实效。课程考试属校内考试，与社会考试相比，其规模较小，只是学校工作中的一项，且时间上是间断的。然而，这一切并不意味着课程考试管理就不需要高素质的管理队伍。因此，高校应重视课程考试管理队伍的建设。考试管理队伍包括科研队伍、行政队伍和业务队伍。

（四）实施科学的教考分离

教考分离制度是一种现代教学管理手段。所谓"教考分离"是指将教学

与考试分离进行，即将过去某一课程由任课教师自己命题、自己评分的做法改为从规范、标准的试题库中筛选、组合出符合要求的试卷，或由教学管理部门组织教学经验较为丰富的非任课教师依纲命题，并统一组织考试，统一评阅试卷。实行教考分离的目的是提高考试的质量和水平，为学生成绩的评定、教师的教学评价以及教学管理决策提供科学的依据。它有利于促使教师授课全面系统地贯彻教学大纲的各项要求，培养学生端正学习态度和良好学风的建设。这样既能促进教师的教，又能促进学生的学，充分体现了教师的主导作用和学生的主体作用相结合的教学原则，充分调动了师生的积极性。推行高校的教考分离需从以下四点入手。

1. 加强宣传，统一思想

教考分离势在必行，但大部分教师与教学管理人员对此认识还不足，心理上也还不太适应，甚至认为推行教考分离是对教师的不信任，表现出明显的抵触情绪，这在一定程度上增加了推行工作的难度。因此，推行教考分离的首要任务是加强对教考分离制度作用和意义的宣传。从学校上层、中层到教师，层层推进，调动各方面的积极因素，使认识统一到培养合格人才上来，以有利于实施教考分离制度。

2. 科学合理地安排实行教考分离的课程

从教学总体效益上讲，并非每门课程实行教考分离都有利，如文科类的一些课程，本身要求学生涉猎广泛，如果把试题局限于课堂内的几本书，显然不利于培养学生的能力；又如理科的一些专业性很强、难度很大的后续课程，学校通常只有一两个老师熟悉课程内容，推行教考分离也不太切合实际。因此，学校应该在充分调查研究的基础上，科学合理地安排实施教考分离的课程。

3. 积极修订教学大纲，为课程实施教考分离建立前提条件

多年来，不少高校的课程大纲不能适应时代的变化。还有很多课程没有教学大纲，原因是在以前教考合一的制度下，课程缺少大纲的矛盾暴露得并不明显。教考分离制度将教与考分为两条线，没有课程大纲则无法组织有效的教学，更无法组织有效的考试。因此，高校应积极组织力量修订、制定课程大纲，为课程实施教考分离创造前提条件。

4.建立高质量的题库，使教考分离更科学化

实行教考分离的重要途径是建立科学的题库。科学的题库可以提供各种规格、各种层次等科目的试题。采用试卷库的试卷可以克服由于教师命题随意性带来的信度差和效度差的弊病。试卷库的试卷由水平较高的非授课教师参加阅卷，这在一定程度上预防和杜绝了授课教师在考试环节中参与作弊的现象。学校内部考试通过这方面的改进可提高质量与权威性，但建设科学的题库、试卷库并非一蹴而就。它既是一项阶段性的、多方人员合力攻坚的综合技术工程，也是一项长期的、由专业技术人员不断充实、革新、完善的系统工程。在高校中因学科、专业的多样性，试题要注意学科性、专业性，以适应学生能力、教学水平变化等需要。

（五）考试方式多样化

学校应鼓励教师根据本门课程的性质选择灵活多样的考试方式，突出课程的考核重点。根据我国的实际情况，高校基本的考试形式可采用以下七种：①闭卷考试；②开卷考试；③口试；④成果考试（如设计、论文、报告、制品等）；⑤操作考试；⑥计算机及网上考试；⑦观察考核。

每种考试方式各有其特点，单凭一种考试方式不能全面反映学生综合运用知识的能力，应采用几种方式相互组合以取长补短，这样既可以考查学生掌握知识的程度，又可以检验学生运用所学知识解决实际问题的能力，使考核结果更全面。还可以通过奖励措施鼓励并引导学生从多方面、多角度，用多种方法来解决同一问题，以培养和发展学生的创造思维能力。选择最佳的考试方式是提高考试效度的重要途径，适当灵活的考核方式能够进一步提高学生的学习主动性和自觉性，从而进一步巩固和深化所学课程的知识，举一反三、触类旁通。这样既能帮助学生克服死记硬背的学习方法，又能锻炼他们各方面的能力，从而达到育人的目的，同时也在一定程度上减弱了学生作弊的动机。改革考试形式并不是简单、孤立的问题，它需要各方面的配套改革措施，需要有规范的教学政策和条件来支持，尤其要求改革传统的教学管理体制。考试形式与教学思想、教学内容、教学方法、课程安排和师资队伍建设等都密切相关。所以，考试方式的改革不仅需要鼓励广大教师改革考试的内容，还需要各方面的配合才可能取得成功。

（六）重视平时考试

建立科学的成绩评价体系能改变所有课程均实行"一次性闭卷考试"的局面。要结合课程总结性考试与平时考核进行综合评价，并逐步加大平时考核成绩在总成绩中所占的比例，实行百分制、等级制、评语相结合的评分方法。加强对学生的平时考核，并不是频繁增加考试次数。而是任课教师在教学过程中，根据不同阶段的教学要求，灵活运用提问、讨论、作业、小论文、小测验等方式了解学生的学习状况，并通过测验获取教学信息，从而指导学生更好地开展。

（七）实行全程管理

考试管理分为考前管理、考中管理和考后管理，如某一环节工作不到位，就会使考试失去真实性、客观性和公正性，达不到考试的真正目的和效果。考试质量分析和信息反馈是现代考试流程的一个重要环节，是现代考试管理的一项常规工作。通过考试质量分析这个环节获取的大量信息经过整理、研究，并及时进行信息反馈，对于改进和完善考试工作、提高考试质量、促进考试走向科学化具有重要的意义。

第三章 高职教育理论与实践教学管理

第一节 高职教育学生理论教学管理

一、学生理论教学管理的内容

学生理论教学管理是高职院校管理学中一个相对独立的重要部分，也是高职院校教学管理中最基本、最重要的管理。学生理论教学管理既是学校管理的重要组成部分，也是高职院校教学工作正常运行的有力保障。它主要依照高职院校理论教学的基本规律，通过制定教学常规、教学过程及教务工作等各项教学工作的制度、方法及程序，帮助教学管理工作者按照一定的教学管理规律去组织、指导教学管理实践活动，促进教学质量的提升，从而提升学生理论教学管理水平和工作效率。做好学生理论教学管理，不仅有助于建立正常稳定的教育教学秩序，促进教师教学水平和专业素质的不断提高，而且能够提升高职院校教育教学团队的凝聚力，并通过推广丰富的教育经验和科学的教学方法，逐步推进教学质量的提高，从而为推动高职院校其他各项工作的顺利开展创造有利条件。

学生理论教学管理是一个复杂的系统工作，其内容也是非常丰富的。从纵向看，高职院校的学生理论教学管理可以分为计划、组织、业务、质量管理等；从横向看，高职院校的学生理论教学管理又包括教师、学生、课堂、教材、设备、信息等方面的管理。总而言之，学生理论教学管理是以一定的教育教学管理理念和教育教学规律所形成的对理论教学各个环节实施固定管理方法和程序的体系。随着学校办学规模的扩大和教学内容的增加，学生理论教学管理不再局限于编班排课、维持教学秩序、整理教学资料等单项工作，而是逐渐发展成为涵盖对教学内容、教学组织以及教学过程等实施全方位部署并进行系统化管理的重要手段。

　　高职院校学生理论教学管理是学校管理的重要组成部分，它的基本任务是全面贯彻执行国家的教育方针和学校"面向世界，面向未来"的办学宗旨，按照一定的教学规律，对学校理论教学工作进行协调、检查、监督和指导等，保证理论教学工作和教学改革的顺利实施，以符合人才培养质量的最终要求。总的来说，高职院校学生理论教学管理通常由教学常规和教学过程管理两个部分构成，主要涵盖了教学常规、学生训育、教学目标、教学计划、教学运行、教学过程、教学质量、档案管理等方面的内容。其任务在于优化教育教学资源，提高教学质量，确保教学工作正常进行。

（一）理论教学常规管理

　　高职院校学生理论教学的常规管理就是遵循教学规律对教学工作进行日常管理，主要由"教""学"及教务行政三个方面组成。

　　1."教"的常规管理

　　"教"的常规管理即对教师教学过程的监控管理，包括对备课、上课、布置与批改作业和成绩考核等教学基本环节的管理。

　　（1）备课管理

　　备课是教师根据教学计划和大纲，结合教学的实际情况，规划和组织教学内容，保证学生有效地进行学习而开展的教学准备活动。备课管理就是对教师备课过程进行指导、监督和检查等。备课管理主要通过对教案的检查和评估进行，不仅要帮助教师明确备课的意义，还要针对教师备课的内容提出具体要求。

　　（2）上课管理

　　上课是教师根据教案实施教学的具体过程，是教学的关键环节。上课管理就是对教师实施的教学过程进行监督、指导和评价。上课管理的主要方法是听课和评课，上课管理效果的好坏直接影响学生作业的完成，进而对上课的质量和效果产生积极影响。

　　（3）布置与批改作业管理

　　教师根据教学目标和教学内容，有针对性地给学生布置作业并对学生作业进行批改，这是教学工作的重要环节。布置与批改作业管理是对这一环节进行指导、检查的活动，应从作业布置、作业批改及作业查评等方面着手，提出具体的管理要求。

（4）成绩考核管理

成绩考核分为平时考查和学期考试两个阶段，是检查教学效果的重要手段。成绩考核管理是对教师平时考查和出卷命题的有利监督方式，要求教师严格按照教学大纲的要求进行考核，以准确表咎教学成效。

2."学"的常规管理

教学过程中对学生学习过程的监控管理称为"学"的常规管理，包括学习制度、学习成效考核、学生奖惩考核等基本环节的管理。

（1）学习制度管理

学习制度管理是"学"的常规管理的重要内容，是学生学习得以顺利进行的有利保障。学习制度管理主要是针对课堂学习、管理、考核等常规所制定的对学生出勤与纪律情况、课堂学习的制度与执行等方面的考查。

（2）学习成效考核管理

学习成效考核是检验学生学习成效的关键环节，也是学生毕业的重要依据。学习成效考核管理主要是规范平时考查、试卷考查形式和标准，并且对这一过程进行全方面监督。

（3）学生奖惩考核管理

学生奖惩考核是学生在校期间所受奖励、处分情况的主要依据。学生奖惩考核管理将对学生的奖惩进行具体的系统量化，更加规范、有序地反映学生的综合素质和能力。

3.教务行政的常规管理

教务行政工作是学生理论教学管理的重要组成部分，其主要内容包括编班管理、制表管理、学籍管理和教学档案管理等。

（1）编班管理

把年龄和知识水平相同或相近的学生，按照比例合理分配在一起的过程叫作编班，班级的编定应一次完成，保持相对稳定，以便实施良好教学。

（2）制表管理

制表包括编排学期课表、作息时间表及其他教学相关表格，合理地编排教学相关表格，有利于规范课务管理，稳定教学秩序，指导教学安排，确保教学质量。

（3）学籍管理

学籍管理是学校理论教学常规管理的重要内容，通常包括入学与注册、学生档案、学籍异样、考核与奖惩等方面的内容，是对学生在校期间学习情况的全过程记录。

（4）教学档案管理

教学档案资料是学校历史发展进程中的基本情况及有关数据的集中反映，凡是上级文件、规章制度、计划总结、试题试卷、活动材料、教师业务档案等内容都属于教学档案范畴，需要分类整理、妥善保管。

（二）理论教学过程管理

一般来说，学生理论教学的过程管理主要包括教学计划管理、教学组织管理和教学质量管理。

1. 教学计划管理

教学计划是国家教育主管部门制定的有关教育和教学工作的指导性文件，体现了国家对培养专门人才规格的基本要求，是高职院校组织教育教学活动和实施教育教学管理的重要依据。教学计划管理一般包括教学计划的制订、执行、监督、实施等环节。

（1）制订教学计划

高职院校的教学计划由教务处根据上级教育部门有关文件，结合本校实际制定统一原则，安排各教学单位按专业制定初稿，签署意见后报学校教务处。教务处负责提交专家调整、审核，并将专家意见反馈至各教学单位进行修改和调整，由教务处统筹定稿后报主管院长批准。一经批准，各单位不得随意变更。一个完整的教学计划一般应包括专业培养目标与培养规格，学制规定，教育、教学周数分配，课程设置，学分要求，学时安排等方面的内容。在教学计划制订过程中，要处理好基础与专业、必修与选修等课程之间的关系，制定出一个较为理想的教学计划，适应社会发展对人才培养的要求。

（2）编写教学大纲

教学大纲是教学计划的具体体现，是教师进行教学的基本依据。除公共课程和某些基础课程由国家统一颁发教学大纲外，其他课程应根据教学计划，以纲要的形式制定、修正教学大纲，并按专业汇编成册，以克服课程间的问题和脱节，并据此进行教学准备工作，以确保专业培养目标的实现。

（3）下达教学任务书，编制教学运行表

教学任务书通常在每学期期末由系主任代表学校下发至各教研室，各教研室通过深入研究讨论，落实到具体的任课教师。各任课教师接受教学任务后，应根据教学计划，结合教学大纲规定的内容，提前做好教学实施计划，上交至各教研室。再由各教研室进行讨论，核准后执行。如遇到教学进度计划或内容确实需要更改的情况，应经教研室讨论同意后，报系主任批准。

（4）确定任课教师，选定落实教材

各门课程任课教师人选的选定，应由各教研室根据下达的教学任务，结合本教研室的具体情况进行推荐。一般应推荐专业对口、有一定教学经验的教师承担教学任务。如有新任教师授课的情况，应安排有丰富教学经验的教师进行指导。各任课教师采用统一教材，教材由学校教务处教材科每年分两次进行征订（5月征订翌年春季使用教材，11月征订翌年秋季使用教材），如需使用自编教材（讲义）、实验指导书补充教材等，必须填写使用申请表，分别由教研室、系主任、教材科签意见，上报教务处审批。

2.教学组织管理

与教学计划管理密切相关的是教学组织管理，教学组织管理是完成高职院校教学任务、实现教学目标的重要措施。实施教学组织管理，可以从教研室组建、合理地安排课务两方面着手。

（1）做好教研室组建

教研室是学校开展教学研究、提高教师业务水平的重要基地，也是学校落实教学工作的有利保障。做好教研室组建应遵循以下原则：一是以"同一学科教师在三人以上可成立教研室，不足三人可将性质相近的学科教师组织成立多学科教研室"为原则建立和健全教研室；二是以"管理能力较强，且具备较高学科教学能力"为原则选任教研室主任；三是以"形成良好教风，提高教学质量"为原则建立各种规章制度以指导教研室工作，使教研室能够有效运行。

（2）合理地安排课务

学校安排课务，应考虑任课教师的专业背景、学识专长，并结合该教师的教学能力和业务水平。虽然每个教师的任课是相对固定的，但应该考虑适当的轮换制度。如教师经过自学、进修或培训后掌握了一定的专业知识，可安排有经验的教师采取"传、帮、带"的形式适量安排课务，使任课教师的综合业务能力得以提升。

3. 教学质量管理

教学质量管理是依据相应的规范和标准，采用科学的手段和方法，对教学过程和环节进行全面设计、组织实施、研究分析，以确保在教学进行过程中能够达到预期的效果，它是整个教学管理的核心部分。应从制定课程教学质量标准和构建课程教学质量指标体系两方面进行。

（1）制订课程教学质量标准

高职院校的课程教学质量是校企合作教育资源与课程结合条件下学生对学校教育、教学活动的满意度，以及学生的职业的适应能力、用人单位的满意度等要素的系统反映。制订课程教学质量标准，应满足学生的人才需求，包括升学、就业、可持续发展等方面，同时，结合企业的实际需求，包括目标、规格、岗位等内容来进行制订。

（2）构建课程教学质量指标体系

做好高职院校的教学质量管理，除了制订科学、合理的教学质量标准外，还应抓好课程教学质量指标体系的构建工作，主要包括以下几个方面：一是成效指标，它是学生毕业后在工作、学习、生活中的成就或结果表现，是学生知识、能力、态度、社会适应能力及社会认可度的综合评价；二是成绩指标，它是反映在学生个体身上的学习质量指标，涵盖了考试成绩、考试等级、职业资格证书、获奖情况等方面的内容；三是教学工作质量指标，它是教师教学工作质量的衡量指标，集中体现教师的教学能力、学术水平、工作态度与责任心，以及学生反馈的满意度；四是教学设计工作质量指标，即专业、课程、教材设计的科学性、合理性，是进一步衡量设计更正或优化的重要标准。

二、学生理论教学管理的原则

学生理论教学管理工作是学校管理工作中最重要、最基本的工作。学生理论教学管理既是对教学过程的全面管理，也是为实现教学目标而奋斗的目标管理。总的来说，高职院校学生理论教学管理的基本原则就是在学生理论教学管理实践中总结正确的客观规律，是根据高职院校教育的根本目标和任务，在总结长期积累的教育教学经验的基础上，经过不断归纳、修改而提炼出的基本要求。它是在进行学生理论教学管理工作过程中所应遵循的指导规范和行为准则,有效地指导学生理论教学管理的各项工作并始终贯穿学生理论教学管理的过程当中。回顾现代学生理论教学管理的工作历程,无论是在学生理论教学管理的目标、内容、过程、方法、制度方面,还是在协调学生理论教学管理与其他各方面的关系方面,都是以教学基本原则来开展布置各项工作的。它不仅向我们表笞了一定的教学规律,还反映了在学生理论教学管理工作中应当遵循的基本原则。学生理论教学管理制度的建立与实施,对于高职院校教育教学工作起到了积极且不可替代的作用。

高职院校学生理论教学管理原则主要包括以人为本原则、以教学为主原则、循序渐进原则、综合把握原则、因材施教原则和师生协作原则等。

(一)以人为本原则

教育的出发点和核心目的是培养社会需要的人才,而不同国家在对于"如何培养人才""培养什么样的人才"方面都有自己的见解和看法,据此也提出了明确的目标要求和工作方针,并制定出了较为规范的教育政策法规来确保教学工作的顺利进行。

以人为本的原则是体现以人为主的管理,即学校管理工作的出发点和立足点都要把人放到中心位置,在学校管理工作中充分发挥人的作用。学生理论教学管理的主客体都是人,整个理论教学管理活动都是紧紧围绕人的活动开展实施的。因此,理论教学管理应以"以人为本"原则作为基础,其实质就是围绕"以教师为本""以学生为本"的基调开展理论教学管理工作。

"以教师为本"就是把教师的主导地位放在首位,在学生理论教学管理中充分尊重教师的劳动成果,最大限度地发挥教师的作用,使教师成为主动参与教育教学的主体。在学生理论教学管理工作中应当以促进教师的发展为目标,将"尊重人、关心人、培养人"的理念贯穿理论教学管理的各个环节当中;"以学生为本"就是把学生的主体地位放在第一要素,强化"管理育人、服务育人"的思想,在理论教学管理中牢固树立一切以学生为主的服务意识,优化教育教学管理模式,使学生个体更好地发挥自身潜能,成为全面发展的综合型人才。

（二）以教学为主原则

教育的根本目的在于培养人才，而培养人才的主要途径就是教学。随着社会的不断发展，认识也在不断地深入，教学管理状态的稳定只是相对的。特别是在科学技术突飞猛进和创新理念日益发展的今天，教育的改革和发展正面临着新的挑战。我们的学生理论教学管理工作绝不能因循守旧，墨守成规，必须依靠科学的创新思维来提升教学管理，注重以教学为主的创造性人才培养模式，满足时代发展的新需求。高职院校要卓有成效地实施培养目标，取得最优效果，就必须以教学为主，并围绕教学这个中心安排其他工作，建立正常的教育教学秩序。

以教学为主原则就是要求高职院校从根本上落实"管理为教学"的全新思想。时代的发展需求对高职院校提出了新的要求，高职院校的学生理论教学管理不应该继续局限于以往的制度、框架管理式教学管理模式中，而是应当以发展的眼光准确把握和洞悉社会发展的新需求，积极转变教育教学观念，实行"弹性化"和"人性化"相结合的服务式教学管理模式，促进教学管理模式的创新，并通过灵活变通、多样化的管理方式，依靠科学的创新思维来促进教育、提升教学。

在学生理论教学管理工作中贯彻实施以教学为主原则，就是将学校工作的重心转移到教学管理当中，一切工作的制订、开展、实施都以协助教学、服务教学为根本，并要求教师严格按照教学计划、教学大纲进行教学，未经批准不得擅自变更教学计划或是降低教学要求，使教学工作沿着科学、健康的方向稳步发展。在实施教学的过程中，应从整体上把握以"学生为主体、教师为主导、训练为主线"的实质，要求教师做到熟知教材、授育人才，通过对学生的引导、启发、点拨及帮助，使学生探究、感悟、交流与提高。真正意义上将"教"与"学"完美结合，实现和谐统一，力求让学生在"授课"之后各有所得、举一反三，从而达到提升教学质量、培养社会需求人才的最终目的。

（三）循序渐进原则

事物的发展不是一蹴而就的，而是按照一定的轨迹循序渐进地进行的，学生理论教学管理也不例外。学生理论教学管理应遵循和把握的基本规律及原则是由教育教学的本质决定，并受教育过程的客观规律制约，又潜移默化地对教育教学的发展产生深远影响。在实施学生理论教学管理的过程中，研究并遵循教育的基本规律，包括对高职教育管理和教育管理过程规律的研究，并把握事物发展的客观规律，循序渐进地开展，对于正确的教育管理模式和组织实施教育管理策略、丰富和发展高职教育管理理论具有重大的理论意义和实践价值。

从历史的发展轨迹来看，社会的政治、文化、经济等方面的发展制约着教育的发展，同时，教育的发展又服务于社会发展的主流。因此，学生理论教学管理必须同国民经济和社会发展相适应，并根据理论教学管理的经验与实际不断地摸索、完善、深化。在学生理论教学管理的过程中，要按照教育教学的逻辑顺序和学生认识发展的顺序，抓住主要矛盾，妥善解决好重点与难点，有条不紊地进行。

教学的稳定是高职院校顺利开展各项工作的基础，一切的教学管理工作都应该在教学稳定的基础上有目的、有计划地进行，并依照一定的次序循序渐进地逐步展开。这个"序"既是指学生的自身特征，又是客观规律的体现；既是教师组织教学所应遵循的原则，又是学生主动学习所应遵循的原则。为了妥善处理好学生理论教学管理活动的顺序、理论教学管理活动的体系与学生发展规律之间错综复杂的关系，学生理论教学管理活动应当持续、连贯、系统地进行，从而使理论教学管理工作更加科学、合理地开展。

（四）综合把握原则

学生理论教学管理是学校教育管理中最基本的管理，也占有重要地位，但不是唯一工作。学校除了对教学进行管理外，还有许多其他方面的事务工作。要实现高职院校的办学目标和管理宗旨，不仅要做好理论教学本身的管理工作，还要注意理论教学管理对学校其他管理工作的影响。为了使学校教育真正成为社会发展、人类进步的重要阵地，各级管理部门都应全面贯彻执行国家的教育方针路线，协调好教学与其他各项工作的关系，确保学生在各方面都得到均衡发展。在实施学生理论教学管理举措时，要综合衡量学校整体的教育管理，立足于国家的教育政策法规，并以此为依据，加大教育教学改革力度，实现以教师为主导、学生为主体的全面发展。

作为高职院校管理工作的重要环节，学生理论教学管理工作包含了较为丰富的内容，并与学校其他管理工作紧密相联、相互影响和制约。要有效地进行学生理论教学管理工作，不仅要注意理论教学管理内部各因素的相互作用，还应重视学校其他管理工作对理论教学管理的影响。教育管理活动必须科学地组织和调动教学系统内外各方面的积极性，从而更好地推动教育事业向前发展。

我国现阶段的教育目标是培养德、智、体全面发展的综合型人才，一切的教育教学活动都是为培养社会主义建设人才服务的。实施理论教学管理的过程就是正确监控课堂教学过程，正确评价课堂教学效果以及正确总结课堂教学经验的过程，争取使每一堂课都实现教育与教学相结合、教育与教学相适应的全面发展的教育目的。做好学生理论教学管理工作，不仅仅是做好理论教学的常规管理，做好教师教、学生学、教务行政的管理，还应包括做好理论教学的实施管理，做好教学计划、组织、质量的管理。确保教师传授知识与学生能力发展相统一，确保理论教学管理的科学性与思想性相统一，确保学校整体教育管理的发展需求与政策实施相统一，促使教育教学的主客体朝着全面发展的进程实施。

（五）因材施教原则

因材施教是学生的个体特征和身心发展规律在学生理论教学管理活动中的反映，它不但是我国教学管理经验的结晶，也是现代教学管理中必须坚持的一条重要原则，具有非常重要的参考价值。在高职院校学生理论教学管理过程中实施并遵循因材施教，对顺利开展教育教学工作、培养适应时代需要的创新型人才有着十分重要的现实意义。

把握因材施教原则就是从学生理论教学管理的实际出发，按一定的理论教学管理目标，使理论教学管理的深度、广度、进度更适合教学的主体和对象。同时，针对学生的个性特点和个性差异，采取不同的管理方法和措施，有的放矢地进行教育，加强理论教学管理的实效性和针对性，使学生理论教学管理工作获得最佳的发展，从而使理论教学工作更有成效。

学生群体是个别差异的客观存在。因此，在学生理论教学管理中，无论是从传授知识的角度，还是从思想教育的角度；无论是课堂教学管理，还是课堂教学考核，都应从一而终地贯彻因材施教这一原则，立足于学生的实际情况，在全面了解学生的年龄特征、性格特点、知识水平、兴趣爱好、身心状况、个性倾向以及品德发展状况等方面的前提下，采取具体情况具体分析的办法，有针对性地对学生进行理论教学管理工作。这就要求学生理论教学管理工作者要以发展的眼光看待学生，客观、全面、深入地关心学生、了解学生，正确认识和评价学生，并根据不同学生的特点选择不同的方法和内容进行教育，防止一般化、模式化和程序化等。

（六）师生协作原则

学生理论教学管理的过程实质上就是教师与学生之间的互动交流，师生关系是学生理论教学管理体系的重要构成因素，师生关系的好坏直接影响着理论教学氛围，影响着理论教学管理活动的组织和开展，也影响着理论教学管理的效果。从学生理论教学管理的实践和经验来看，融洽的师生关系，孕育着巨大的教育"亲和力"，师生之间的有效沟通，能够促使师生双方得到充分的尊重和信任；师生之间的团结协作，能够确保理论教学管理取得良好的发展和成效。

在学生理论教学管理中，教师主导作用和学生主体地位相协调，教师沟通与学生配合相协作，是开展各项工作应把握的一条基本原则。只有弄清"教师主导、学生主体"的理论实质，才能在贯彻这一原则的过程中妥善处理好二者之间的关系，从而充分调动教师与学生的主观能动性，在平等交流的氛围中取得较为完善的教学管理效果。

教师的主导作用与学生的主体地位是辩证统一、相辅相成的。以教师为主导，是指在教学方法、教学内容和组织层面上要充分尊重教师的设计和决定；以学生为主体，是指理论教学管理要面向全体学生，使学生得到全面发展。主导是对主体的主导，主体是主导下的主体。在学生理论教学管理过程中，应深刻认识到教师与学生之间相辅相成的关系，应当在互相理解、相互沟通的基础上，充分发挥教师的主导作用及学生的主体作用。教师主导作用的充分发挥，是保证学生发挥主动性、积极性和创造性的必要前提；学生主体作用的充分发挥，又是教师发挥引导、教导、指导作用的直接体现。

三、学生理论教学管理的方法

我国高职院校教育事业的开展是为了人才培养目标的最终实现，而高职院校的人才培养目标随着社会需求的不同而不断变化，从最开始的"技术型人才"应用型人才"到后来的"实用型人才",再到现阶段的"高技能人才"。因此,要准确把握社会发展及社会对人才的需求,深入扎实地进行高职院校的学生理论教学管理工作。不仅要完善办学思想,还应重视高职院校的教育教学质量,严格把控高职院校的人才培养观。应当在日常工作中加强对学生理论教学内容、过程和组织的监控和管理,及时解决和处理在学生理论教学管理过程中出现的各种问题,防止视而不见、见而不管的情况发生。随着社会人才需求数量的增加和质量的不断提高,各高职院校应当准确把握实际,尽快转变办学思想,以培养综合素质较强的高技能人才为目的。高职院校的管理人员应当充分把握高职教育教学的特点及要求,不断地创造理论教学管理新模式,以顺应时代发展的新需要。

高职院校学生理论教学管理方法主要包括制度推进法、明确职责法、质量管理法、信息管理法和激励调动法等。

(一)制度推进法

制度推进法是指高职院校教育管理者依据国家针对学生理论教学管理所颁布实施的教育法令、决定、命令、规章、制度,并结合实际,运用学生理论教学管理相关制度对理论教学活动进行指导、监督、调节和影响。运用制度管理,有利于保证高职院校学生理论教学管理的制度化、规范化,有利于保障高职院校教育教学工作的稳步开展。

运用制度推进法来实施学生理论教学管理,首先,要依据国家的相关方针政策,客观分析,建立健全高职院校学生理论教学管理制度,做到有法可依;其次,要根据自身的实际情况,不断进行归纳、总结,修改及完善管理制度,以使制度规范合理化;最后,要严格依照相关制度进行学生理论教学管理,并将各项制度贯彻至整个学生理论教学管理的各个环节当中。如果不依制度办事,再好的管理制度也只能是纸上谈兵。总的来说,就是在学生理论教学工作中,针对理论教学管理的不同内容制订出相应的规章制度,使管理真正做到"有制可依,有章可循"。在学生理论教学常规管理中,健全学生理论教学工作领导体制,建立院、系两级教学管理机制,充分发挥教学管理部门和学生管理部门在整个理论教学管理系统中的职能作用。分别制定对教师"教"、学生"学"以及教务行政工作的要求,如《高职院校学生成绩考核办法》等,从学生日常上课、作业完成、成绩考核等方面进行细化要求,确保教学常规的顺利运行;在学生理论教学过程管理中,对教学计划、教学组织、教学质量做出明确的管理规定,如《高职院校教学计划管理规定》,从高职院校人才培养目标着手,根据经济、科技、文化和社会发展的新情况,适时地进行调整和修订,从根本上推动教学过程的质量。

(二)明确职责法

明确职责法是指对参与学生理论教学管理各部分、各环节的相关部门和人员,进行明确的岗位定位和职能划分,使各部门、各人员都能够清晰、准确地把握职权与责任,在各自的岗位上各司其职,解决管理部门定位不准、监管责任缺失、服务环节比较薄弱等问题,进一步提高学生理论教学管理工作的效率和质量,提高整体管理水平。

学生理论教学管理是对教学进行指导、监督和评价的过程,也是教学管理各部门实施具体工作的过程。如果对各部门、各岗位的工作职权和范围没有一个清晰的目标,那就可能出现有的工作很多部门都在管理、很多人员都参与,而有的工作却是无人问津的局面。也会造成出了问题需要协调,处理的时候不知道该找何部门、何人的尴尬局面。因此,要做好学生理论教学管理,就应当制定相应的条款,对理论教学管理的各项事宜、各个环节进行明确的分工、定位,使各部门的管理人员都能在各自的工作岗位上各司其职,团结一致,为理论教学管理,乃至学校其他管理工作贡献自己的力量。应实施以系部为主体的条块管理模式思路,进一步明确理论教学管理的各项职责。如在学生理论教学的常规管理部分当中,各系部对本系部所开设专业的理论教学常规管理负全部责任,教务处按学校规定对系部教学工作进行监督、指导、协调,并提供必要的服务;在学生理论教学的过程管理部分当中,各教研室负责拟订本专业理论教学的教学计划、大纲等内容,各系部负责组织调研、论证和理论教学方案、草案的拟订,教务处负责组织专家评审、反馈。

(三)质量管理法

质量管理法是指借鉴质量管理专家休哈特博士提出的PDCA质量管理法,结合高职院校学生理论教学的特点,遵循科学的程序进行学生理论教学管理实践探索,经过计划、执行、检查和修正四个阶段,逐步摸索出符合高职院校学生理论教学发展需求,对学生理论教学管理有一定参考意义的管理方式,能够取得良好的管理成效。

当前，绝大多数高职院校都实现了学生理论教学的二级管理，加强了院系在学生理论教学管理中的作用。但是，由于职能的局限性，二级管理往往在学生理论教学管理工作中难以充分调动管理资源，使得管理质量下降，难以实现预期的管理目标。因此，为更好地实现学生理论教学的二级管理，应结合高职院校的实际，充分发挥质量管理法的作用，进一步促进学生理论教学管理模式的创新，推动学生理论教学管理水平的提高。利用质量管理方式，在学生理论教学管理工作计划阶段提出明确的方针和目标，并制订初步的管理规划，能使工作计划更加清晰，任务分工更加明确；在学生理论教学管理工作实施阶段根据已知的信息，设计出具体的管理方法，再根据设计进行具体的运作，能够使工作交流更加频繁，任务执行更有压迫感；在学生理论教学管理工作总结阶段分析总结管理的结果，明确效果，找出问题，对成功的经验加以肯定，予以制度化；对失败的教训进行消化，引起重视，并对尚未解决的问题提出新的解决途径，能够使任务完成得更有成就感，工作目标更加明确，只要准确执行质量管理思想，密切联系高职院校情况，就能使学生的理论教学管理质量得到进一步提升。

（四）信息管理法

信息管理法是指为了有效地开发和利用信息资源，在学生理论教学管理工作中利用先进的计算机与网络技术，将管理工作的各个环节及各项制度都利用网络进行管理、监督和评价，从而从根本上实现学生理论教学体系的信息化管理，使高职院校学生理论教学管理者与服务对象能够更加方便、快捷地发布、共享各项资源，加强沟通与工作效果。

计算机技术的广泛应用和网络的逐步普及，使各类信息资源更加地公开化、透明化，同时也为高职院校的管理工作提供了方便、快捷的服务。要想更加科学、高效地做好学生理论教学管理工作，从以往烦琐的事务管理当中脱离出来，使教学管理工作者真正意义上实现"管理资源共享"，使教学管理服务对象能够及时了解相关信息的发布和制度政策的制定，在进行学生理论教学管理工作部署时就应该积极推进信息化管理方式。一方面，要重视校园网的建设，使学生能够通过网络平台了解到自己关心、与自身有重要关系的相关信息，使教师能够通过网络的微课、网络视频等多样化形式实施开放型教学；另一方面，可以通过网络管理，加强与学生、家长之间的沟通联系，得到相应的信息反馈，并根据实际情况逐步改进教育教学及管理方法，促进管理的最优化。此外，通过信息化管理的实现，能够加强高职院校教学管理各部门、各环节的联系，使各项制度一目了然、各类流程清晰明了、各项职责分工明确，从而逐步实现化繁为简的工作模式，提升信息管理的运用能力。

（五）激励调动法

激励调动法是指在学生理论教学管理活动中运用科学的激励理论和适当的思想动员、激发、调动教学团队的工作热情和积极性，充分发挥其主观能动性，使他们对教学产生炽热的情感，愿意自觉地、创造性地投入到工作当中，从而更加高质、高效地推动学生理论教学管理工作进程。

在学生理论教学管理中适度地运用激励调动法来提高管理成效，首先，要以高职院校理论教学团队的基本状况为根本立足点和出发点，适度进行思想动员工作，激发他们的工作热忱，使其正确地把握和看待在实施教学过程中自身的实际情况以及自身所欠缺的关键部分，愿意通过自身努力，不断提升自我素质修养，并运用目标激励法，把"大、中、小""远、中、近"的目标结合起来，使理论教学者在工作中每时每刻都将自己的行动与预定目标紧密联系；其次，要客观分析高职院校学生理论教学所面临的新局面、新问题，准确全面地将各种情况传递到学生理论教学管理活动的参与者、实施者当中，并运用科学的激励理论，使整个学校上下一心，积极主动地贡献力量，共谋出路，从而从根本上解决问题。作为高职院校教学工作的领导者，应以身作则，有效调动教职员工的工作积极性。要善于运用支持激励法充分引导理论教学管理的参与者与服务对象提出创造性建议，把他们蕴藏的聪明才智挖掘出来，使人人开动脑筋，勇于创造。通过一定的奖励来激励具有典型性的人物和事例，营造典型示范效应，将物质与精神奖励相结合，不断创新方式方法，提高对理论教学管理工作参与的积极性和创造性，推动各项决策的改革、创新。

第二节 高职教育学生实践教学管理

一、学生实践教学管理的内容

实践教学是理论教学的继续、补充、扩展和深化，是高职院校通过指导学生进行实际操作和实地训练以实现素质教育和创新人才培养目标的重要阵地，无论是在锻炼学生的实践能力方面，还是在培养学生的创新意识方面都占据着十分重要的位置。要提高实践教学水平、增强实践教学效果，就要科学地对高职院校实践教学进行管理。通过制订良好的实践教学计划、组织与协调实践教学各个环节等方式，利用现有的实践教学资源有效地提高学生的技术应用能力和实物操作能力，从而实现高职教育的育人目标，推动高职教育的发展进程。

高职院校实践教学管理的含义可以表述为：按照高职教育的客观规律和特点，依据高职教育的人才培养目标要求，对学校实践教学活动进行有计划地组织、安排、控制、监督全面实施的过程。随着现代社会的不断发展和意识观念的逐步转变，文凭已不再是求职应聘的唯一敲门砖，绝大多数用人单位已将实践和操作能力作为衡量员工综合素质的首要标准，这对高职院校的教学和人才培养提出了更高的要求。为顺应时代需求，应重视并加强对高职院校实践教学的管理，运用现代化教学管理方式，健全实践教学管理体系，实现实践教学工作的科学化、规范化、制度化。这不仅有助于加强对学生职业技能和职业素质的训练和管理，还能够促进实践教学质量的提高，为提高学生就业竞争力打下坚实的基础。

实践教学是高职教育教学管理体系中的一个重要组成部分，是培养学生理论联系实际、提高学生综合运用所学知识和技能进行专业工作能力的关键环节。不但在教学当中占有较大的课时比例，而且教学内容也十分丰富，涵盖了实验、实训、毕业顶岗实习和毕业设计（论文）等四大板块。因此，为了维护正常的实践教学秩序，实现实践教学目标，不断加强和改进对实践教学工作的管理，实现实践教学管理科学化、规范化，不断提高实践教学质量和管理水平，就成了高职院校学生管理的重要任务。总的来说，高职院校学生实践教学管理一般包括学生实践教学机构管理、学生实践教学制度管理、学生实践教学督查管理、学生实践教学计划管理、学生实践教学组织管理、学生实践教学质量管理和学生实践教学条件管理等方面的内容。

（一）实践教学常规管理

实践教学是高职院校教学的有机组成部分，也是突出反映高职院校学生教学工作成效的重要指标。认真抓好实践教学常规管理和深入开展实践教学研究是顺利完成实践教学任务、实现实践教学目标的主要途径。在进行高职院校学生实践教学常规管理工作中可以逐步系统化，其关键在于构建系统运行模式和机制，保证教学信息流畅有效。

1.学生实践教学机构管理

要做好学生实践教学各环节的工作，应从建立完善的学生实践教学机构着手，着重加强对学生实践教学机构的管理。高职院校学生实践教学机构由教务处牵头，设置实践教学管理科，负责对整个学校的实验、实训进行宏观管理，并组织实验、实训的考核和评估工作；监督各院（系）进一步做好各专业毕业实习的组织、管理，毕业设计（论文）写作的组织管理与总结工作。各院（系）根据实践教学管理科的相关要求设置实践管理中心，主要进行实验室、实训工厂、顶岗实习及毕业设计（论文）的衔接管理。负责安排专人做好本院（系）实验、实训设备的准备和管理，督促各教研室做好各专业毕业实习的安排与检查，合理安排各专业学生毕业设计（论文）的收集与指导工作。

2.学生实践教学制度管理

为了加强对学生实践教学的管理，提高实践教学质量，各高职院校立足本校实际，制定了学生实践教学管理制度。然而，随着社会对人才培养需求的不断变化，高职院校学生实践教学制度也会发生相应变化，这就要从根本上做好学生实践教学制度的管理工作，要确保学生实践教学各环节的顺利进行，也要顺应时代发展的需要。应根据学生实践教学常规管理要求，以教育法规为指导，以实际需求为出发点，建立完善的实践教学常规和学生实践规范等方面的规章制度。针对实验、实训、顶岗实习的具体要求，做好实验、实训、顶岗实习安全制度的管理，要求学生严格遵照实验、实训、顶岗实习制度和指导教师的要求完成实验、实训、顶岗实习，并逐步规范、完善学生毕业设计（论文）制度的管理，以便顺利开展毕业设计（论文）工作。力求精练准确、简便易行，使之真正成为实践教学行为的准则。

3.学生实践教学督查管理

学生实践教学是提升学生动手与创新能力的重要环节，也是存在安全隐患较多的教学活动。因此，加强学生实践教学督查的管理力度，对学生在进行实践活动中可能发生的问题提出具体的要求和防范措施就显得尤为重要。比如，通过要求实验室加强对学生实验中药品、器皿和实验过程的监管；监督实训工厂指导学生严格遵照实训要求穿实训服、戴钢盔，按照指导老师的要求进行实训；督促顶岗实习的学生在校外严格遵循学校和企业安全实习要求；通过加强同校内校外指导老师的联系等方式加强学生实践教学活动的督查力度，明确各职能部门的工作任务和职责，细化各阶段工作任务，扎实有效地开展实践教学活动，就能够在一定程度上减少或减轻学生在实践教学活动中发生意外和危险的概率，并确保学生实践教学活动的顺利开展，从而实现学生实践教学的人才培养目标。

（二）实践教学过程管理

1.实践教学计划管理

实践教学计划是指根据课程计划对教材进行重新设计，它是课程的具体化，是课程进入教学的中介。实践教学计划从整体上与人才培养目标相统一，结合师资技能等主客观条件，并以过程观为基本原则，指定学生活动的实施计划。

（1）实验、实训教学计划管理

实验、实训教学计划由任课教师根据教学大纲编制，与理论教学计划同时完成一并上报，也可混合编制，力争展开大纲规定的全部实验。实验、实训进程计划是学校组织日常实训教学活动的总安排，由教务处根据各系（室）上报的各专业实训计划，结合学校实训（实验）场地、仪器设备、师资等条件编制全校性的教学进程计划。在实施过程中不能轻易改变，若遇特殊情况需变更者，应提前向教务处提出申请，经同意后方可变更计划。应从整体上分配实践教学时数并提出在教学时可能需要的教具和实验、实训项目，并根据具体条件进行实验、实训教学计划管理，要求教师严格按照实验、实训的性质，任务与目的要求，实验、实训内容或工种（岗位）安排，实验、实训注意事项，实验、实训报告，实验、实训考核办法等内容编制教学计划。

（2）顶岗实习计划管理

学生顶岗实习应根据人才培养方案要求和教学进程表规定的时间进行，若需调整，应及早提出计划，报教务处审查，并由分管教学的校院领导决定，各院（系）应结合企业或工地实际情况，组织有关教师制订出实习计划和要求。为了使实习要求更能切合企业实际，应落实聘请企业或工地指导人员，安排实习有关内容等。指导教师应事先同企业或工地了解情况，落实有关问题。各有关教研室将实习计划、要求、实习时间、地点、实习内容、学生分组及指导教师等内容以书面形式在实习前两周报教务处审批。毕业实习前由各院（系）进行实习动员，明确实习任务与要求。毕业实习结束后，学生每人应写出实习报告并进行单独考核，以优、良、中、及格、不及格五级记载。在毕业实习结束后，指导教师及时将成绩报系和教务处，毕业实习成绩不及格者不能参加毕业设计（论文）。

（3）毕业设计（论文）计划管理

毕业设计（论文）是学生在完成了全部课程学习之后，结合毕业实习或生产实际进行的一项综合性实践教学活动。为加强管理、提高质量，应着重对毕业设计（论文）工作进行计划安排管理。毕业设计（论文）计划安排应在每年的 10～12 月进行，由教研室根据各专业毕业学生人数进行毕业设计（论文）分组，安排相应的指导教师。指导教师根据学生的实际情况，结合专业特点组织学生进行选题，上报教研室。教研室主任会同系领导进行毕业设计（论文）题目的审定，根据学生意向、学生本人的实际能力、成绩以及课题的类型、分量、难易程度，结合指导教师的意见进行综合平衡，最后确定课题分配，并将最终选题结果进行汇总报系主任审批，督促各指导教师向学生讲明开题内容、形式、研究（设计）流程、写作要求和时间期限等具体要求，解答学生疑问，指定主要参考资料，并以书面形式将课题任务书下达给学生。

2. 实践教学组织管理

学生实践教学的组织管理由各系院（系）统一负责，按照实践教学计划的总体要求，由专业教研室同指导教师、辅导员（班主任）共同完成。学生教学组织管理要为教师的发展和创造性工作营造宽松和谐的环境和条件，做到有计划、有落实、有检查、有反馈。

（1）实验、实训教学组织管理

实践教学组织实施是根据已确定的实践教学文件，对教学全过程的一种管理活动。由任课教师按大纲要求协同实验实训场地管理员准备好一切所需的器材，并做好仪器设备的检测调试、安全措施、数据整理和实验、实训报告的要求等。在授课过程中，由实践教学管理部门督促任课教师做好讲课、示范、操作、指导，启发学生手脑并用，训练技能、发现问题、解决问题。实验、实训人员在课后应认真填写实验、实训教学日志，同时督促学生做好实训器材和实训场地的整理、清洁工作，并指导学生撰写实训日记、实训报告、实训总结等，及时向教学职能部门提供实训教学中的各种信息、建议和经验。

（2）顶岗实习组织管理

顶岗实习是实践教学环节的重要内容，是学校教育和教学工作的重要组成部分，是一门理论联系实际，掌握实践技能从而更好地进行理论学习的综合性实践课程——主要由各院（系）根据专业培养目标组织教研室制定顶岗实习大纲，督促各顶岗实习指导教师执行顶岗实习计划，做好实习前的有关准备工作，并指导各专业辅导员（班主任）做好学生的思想政治工作，了解和处理顶岗实习中的业务和生活问题，定期向院（系）及实习单位汇报。教务处负责教学管理科负责汇总各院（系）的实习计划，协助各系（室）建立顶岗实习基地，并对顶岗实习工作进行检查监督、评估、总结和交流。

（3）毕业设计（论文）组织管理

毕业设计（论文）题目确定后，由各系（室）进行毕业设计（论文）动员，向学生下达毕业设计（论文）任务书，由各指导教师向学生具体布置毕业设计（论文）工作，明确毕业设计目的及要求，指定必要的参考文献及资料，着手准备开题报告。开题报告通过后，各系（室）应随时督促指导教师对学生进行撰写指导，并开展毕业设计（论文）中期检查，检查毕业设计（论文）各阶段任务完成情况。及时将存在的问题、需要整改的部分反馈给各指导教师，由各指导教师负责指导学生进行修改、定稿，并按要求提交毕业设计（论文），进行毕业答辩的材料准备。

3. 实践教学质量管理

实践教学由实验教学计划、内容和方法、手段以及考试考核等环节组成，实践教学质量管理贯穿实践教学的全过程。教学检查和考核是检查实训教学实施情况、考核学生掌握实践操作技能程度和应有能力培养状况的重要一环。主要包括检查实训教学资料、统计实训教学开课率、考核评分和实训教学中存在的问题和经验总结等。

（1）实验、实训教学质量管理

通常以各院（系）的实践管理中心对教学资料、教学开课率及实验、实训教学组织实施情况的检查作为衡量标准。主要是检查实验、实训教学文件是否齐全、规范，实训教学日志、设计图纸、实训报告、总结等综合材料的情况和教师的批阅情况，并督促各教研室做好实验、实训教学原始记录，将各学期实验、实训教学按计划执行情况以及实验、实训开课率等方面的信息汇总。以各教研室的教学准备、人员落实及组织实施情况，备课、授课、示范、巡视、指导、答疑考核评分情况和实训基地（实验室）管理、仪器设备维护、检测等情况为主要考核内容。

（2）顶岗实习质量管理

顶岗实习教学质量管理主要由各系（室）的实践管理中心负责，督促各专业辅导员（班主任）密切联系学生，了解学生顶岗实习的情况，并要求学生在规定时间内上交相关实习资料。教务处实践教学管理科依据各专业辅导员（班主任）上报的学生顶岗实习材料进行管理、归档。考核成绩的评定主要依据学生上交的实习周记、实习总结、顶岗实习考核表等内容。顶岗实习结束时每个实习生都应按质按量地完成实习周记，并对照实习要求，围绕实习过程检查自己的工作态度、方法、纪律等方面的情况，总结收获、体会和成绩，找出差距。学生明确今后学习的努力方向，改进学习目标，制定提高措施，并填写《实习总结》《顶岗实习考核表》，认真进行书面个人总结。顶岗实习指导教师根据实习生的表现，结合实习单位的意见写出评语、评定成绩，然后提交教务处。指导教师对本次实习质量进行分析与评价，提出对今后实习工作和教学改革的意见和建议。

（3）毕业设计（论文）质量管理

各专业学生完成毕业设计（论文）的撰写后，由教务处抽取一定比例的毕业设计（论文）进行抄袭检测，学生根据检测结果修改论文并提交指导教师，准备毕业答辩。这是毕业设计（论文）质量管理的关键环节，应严格把控毕业设计（论文）的质量关。检测完成后，对于重复率较高的毕业设计（论文），应要求指导教师进行信息反馈，并取消相关学生的答辩资格，要求限期整改；对于重复率较低的毕业设计（论文），应作为本批次的优秀论文予以推荐。并及时组织其他学生参加毕业答辩。毕业答辩后，由各系（室）完成毕业设计（论文）纸质材料的审核、总结（包括任务书、开题报告、说明书、成绩评定表等资料）工作，教务处实践教学管理科对各系（室）上报的材料进行审核、存档，从而监控毕业设计（论文）的质量管理。

4.实践教学条件管理

随着高职院校学生实践教学的稳步推进和实践教学比重的逐步增加，进一步做好学生实践教学条件管理，为实践教学提供人员专业、设施完备的服务体系，有利于加强实践教学质量，从而带动高职院校整个教育教学水平的提高。

（1）实践教学师资队伍管理

在实践教学的过程中，首先，应建立健全实践教学管理人员的岗位责任制，加强对学生实践教学人员的管理和考核。实践教学开课前，各任课教师和实践教学管理人员必须认真做好各项准备工作，检测仪器、设备和有关用品是否完备及是否处于良好状态；实践教学开课后，任课教师应向学生讲明具体的操作步骤及安全注意事项，并对学生参与实践教学的情况进行考核；实践教学结束后，实践教学管理人员应及时清点和检查设施设备及用品，做好整理和保管工作。其次，建设"双师型"的师资队伍是运行实践教学管理模式的重要条件之一。高职院校应该制定长远的教师队伍建设规划，注重培养专业带头人、学术带头人和骨干教师；注重中青年教师的培养和提高；注重从行业企业聘用兼职教师；注重落实教师全员聘任制和岗位责任制，建立一支数量足够、结构合理、素质优良、师德高尚，既有较高理论水平，又有较强实践技能的具有高职教育特色的"双师"素质教师队伍。

（2）实践教学设施、设备管理

学生实践教学设施、设备完善是确保整个实践教学工作顺利开展的首要条件之一，应加强对学生实践教学设施设备的管理力度。在管理体制方面，成立安全领导小组。派选对安全工作认真负责，具有丰富经验、操作熟练的工作人员担任安全工作责任人。根据实验室日常工作情况，研究制定符合该实验室特点的安全措施，消除安全隐患，预防事故发生，明确安全责任；在完善防护设施方面，针对实验实训室里各种教学器材，实验人员进行定期检查和登记，制定《实验室安全手册》。实验操作前和操作后对所有设施设备进行全面检查，在操作有毒有害、有危险的实验时专门设置规范的屏蔽设施和操作空间。在实验室安装视频监控系统，对危险物品进行统一管理。制定应急预案，用来处理各种突发事件；在落实执行情况方面，应加大监督检查执行力度。实验人员每天定期检查，领导小组每月定期检查。对检查中发现的安全隐患及时提出整改意见并限期整改，使各项规章制度真正落到实处。

二、学生实践教学管理的原则

学生实践教学管理是当前高职院校发展的重要出发点，是教学规律在管理工作上的反映和应用。实践教学管理的目的和任务是贯彻国家的教育方针，确保高职院校教学工作有计划、有步骤、有条不紊地运转。总的来说，高职院校的学生实践教学管理工作主要依托于质量和规模相结合、教学和实践相结合、教育和教学相结合、系统和阶段相结合、定性和定量相结合、灵活和规范相结合等原则进行。

（一）质量和规模相结合原则

实践教学在教学目标、任务和教学内容上的特点要求实践教学管理要把规模管理和质量效益管理有机结合起来。实践教学在教学目标、任务和教学内容上的特点首先要求实践教学要建立与之相适应的教学规模。因此，实践教学要立足现有的实践教学条件，充分挖掘自身潜力，不断强化规模管理，增加实践教学环节和活动项目，充实实践教学内容，逐步健全实践教学质量保证体系，确保质量和效益的稳步提高。

（二）教学和实践相结合原则

教学管理是以教学为管理中心的一切管理活动的总和，实践管理则是以实践为管理中心的一切管理活动的总和。实践教学的基本属性和系统特点要求实践教学管理要把教学管理和生产、科研、社会实践管理有机结合。

课堂教学是理论教学最基本的组织形式。实践教学管理既要根据自身特性体现自身的管理特色，又要在管理的各个环节和层面上，如教学目标设定，任务明确，体系构建，教学内容、教学环节和活动的计划安排等若干方面，自觉地协调与课堂理论教学的关系，使实践教学和课堂理论教学融会贯通。

（三）教育和教学相结合原则

实践教学在教学目标任务和系统上的特点要求实践教学管理要把教学管理和教育管理有机结合。一是要在保证完成基本的实践教学任务的基础上，自觉地将素质教育的内容融汇到实践教学中去；二是要把实践教学和其他教育活动管理有机结合。这样有利于激发和调动学生的学习主动性、积极性，还有利于综合开发实践教学资源，提高实践教学的综合效益。

（四）系统和阶段相结合原则

实践教学在组织形式上、效益上要求实践教学管理要把系统化管理和阶段化管理紧密结合。既要把实践教学体系和每一个环节或活动作为相对独立完整的教学系统进行管理，又要根据实践教学活动周期长的特点将整个管理过程划分为若干个阶段组织实施，明确阶段管理目标、任务，分步骤地落实。

（五）定性和定量相结合原则

实践教学要求把定性和定量管理有机结合，是指在管理中本着全面、公正、客观的管理原则，针对实践教学体系和各项实践教学活动的具体特点，设定定性管理和定量考核指标，并与整个教学管理及其他有关学校的管理工作直接挂钩，是定性和定量管理有机结合的程度体现。

（六）灵活和规范相结合原则

实践教学在组织形式上要求灵活性和规范性相结合。一是针对实践教学的特点，明确相对统一的管理思路、管理目标和任务，制定相对统一的管理要求和标准，规范管理的活动程序；二是针对实践教学的个性特点，按照管理层次，明确管理职责、管理目标和任务，层层下放管理权限，充分发挥学院、指导教师和学生的管理职能。鼓励指导教师采用灵活多变的教学和组织管理方法，给学生营造宽松的学习和自我管理空间，进而提高实践教学的教学效益和管理效益。

三、学生实践教学管理的方法

学生实践教学既是教学过程的重要环节，又是培养应用型人才的首要突破口。为了加强高职院校对学生实践教学工作的管理，进一步完善落实实践教学新体系，使教学能够紧密地与生产实际需要相结合，应及时转变教育观念和教育思想，加强对学生实践教学重要性的认识，对实践教学进行科学化、规范化管理，保证实践教学工作的顺利进行。高职院校学生实践教学管理方法主要包括教学质量控制法、管理制度制约法、评价机制激励法、理论实践结合法和校企合作推进法等。

（一）教学质量控制法

教学质量控制法是指将全面质量管理理论引入实践教学中，确立涵盖全部实践教学环节的全方位的质量管理体制，构建贯穿实践教学全过程的质量监控体系，以此作为衡量高职院校学生实践教学成效的主要标准。

教学质量是高职教育发展的核心；是高职教育的生命线；是高职院校得以生存与发展的立足之本。教学质量监控是保证教学质量不断提高的重要方式，其目的是通过对实践教学质量的动态管理，促进学校合理、高效地利用各种资源，顺应社会环境的变化，从多方位开展实施教学质量监控。其内容主要涵盖了对实践教学人才培养目标、教学计划、教学过程、学生信息反馈等方面的控制。不仅是适应新时期高职教育发展的客观需要，也是以教学质量监控内容为中心，努力提高高职院校人才培养质量的必要手段。应通过加强调查研究，编制科学、实用的教学指导性文件，通过听课、教学检查、学生评教、实践操作等方式实现监控目标，并逐步建立实践教学情况档案，严格遵照相应标准执行考核，全面提升实践教学质量。

（二）管理制度制约法

管理制度制约法是指在进行学生实践教学管理的过程中，通过建立健全实践教学管理制度，严格实践教学管理规范，以约束管理工作者、教师与学生在实践教学活动中的行为，突出实践教学的管理力度。

实践教学管理不应该是随意性的教学活动，需要建立完善的科学制度并予以规范，从制度上规定实践教学管理的内容、运行机制、过程管理及目标管理。高职院校必须建立健全实践教学管理体系，运用现代化的实践教学管理系统，弥补现有实践资源短缺造成的实践教学困难的局面，科学规划，有效合理地利用实践教学资源，为培养具备综合素质的高职人才奠定基础。在实践教学管理中，必须以提升实践教学的教学基础为研究点，加强实践教学制度管理，实现目标管理与过程管理并重。在实践教学过程中，必须对传统的管理形式进行合理有效的分析，在现有教学基础的前景下突出实践教学的重要性。据此制定相应的管理制度，涵盖实验、实训、顶岗实习、毕业设计（论文）等各方面、各环节的内容，明确各部门、各岗位的职责和义务；明确涉及的岗位和部门在实践教学活动中的考核、评估、检查、验收标准，以规范实践教学管理人员、教师、学生的行为，促进各部门、各人员之间的相互支持、协调统一。

（三）评价机制激励法

评价机制激励法是指通过建立科学、合理的评价管理机制，正确运用考核评价机制，充分发掘内部潜力，不断提高学生实践教学管理者、教师及学生的能力，以保证高职院校学生实践教学工作的有效开展，更好地为高职院校改革、发展提供有力的保障和服务。

目前，高职院校的学生实践教学管理较为松散，各专业缺乏科学的实践教学计划、实践教学大纲，实践教学内容和课时与市场需求存在较大距离。要提高实践教学成效，应从整体把控评价机制激励的实质内涵。要积极借鉴高水平高职院校的职业教育管理经验，尝试在实践教学管理改革中，建立有利于全员参与实践教学质量管理的激励约束机制，研究实践教学管理与学生职业素养养成的内在联系。在提升学生实践教学管理地位的同时，给予实践教学教师以精神层面的激励。应强化检查力度，监督学生定期进行实践活动，鼓励学生在实践中提升自身操作经验。逐渐引导学生树立学以致用的学习理念，建立正确的导向，发挥管理机制的作用，让工作人员以现有发展模式为管理基础，按照学院的实际要求，确定合理的评价机制。

（四）理论实践结合法

理论实践结合法是指在学生实践教学管理的过程中，不仅要注重在实际管理当中所呈现的主要问题，还应充分运用在以往的学习、工作中吸收的理论知识，采取科学、有效的方式把理论与实践相结合，理论作为实践的参考标准，实践作为理论的产生依据，以此来进行实践教学管理。

理论与实践教学管理在整个教学活动中占有同等重要的地位，仅有实践性而缺乏理论性和仅有理论性而缺乏实践性都不是指导教学活动的有利条件，应合二为一，并在此基础上不断地整合、总结、完善。理论与实践教学管理的并重，就是注重两者在整个教学活动中的比重，实现功能性的平衡，既满足学生对理论和实践的需求，又促进了教学品质和目标的实现。一是在制订人才培养方案时，应从培养应用型、创新型人才的需要出发，协调理论教学和实践教学时间的比例，要打破传统的学科界限，使高职的实践教学内容服务于所要解决的职业领域的问题，高职实践教学管理模式的选择也要注意与市场实际情况相衔接；二是为适应实践教学的需要，高职院校必须以人才市场的需求为核心，按模块设计课程，综合考虑知识结构、应用技能与特殊个性化需求等因素，对现行课程体系重新整合。应在不断摸索中适当增强创新意识，增加社会、教师与学生需求性的比例，结合上级规定的各种管理方案，以指导实践教学管理，并在实践教学活动中不断总结、归纳得出符合高职院校自身发展特点的理论指导依据。

（五）校企合作推进法

校企合作推进法是指高职院校与企业建立一种长期的合作模式，将实践教学活动的阵地逐步转移到真正的实践场所，按照突出应用性、实践性的原则进行管理改革，以推进高职院校学生实践教学活动，加快学生实践教学管理工作的进程。

随着社会竞争的日益激烈，各高职院校为谋求自身发展，抓好教育质量，纷纷采取与企业合作的方式，有针对性地为企业培养人才，注重人才的实用性与实效性。同企业建立长期的合作关系，将实践教学搬进企业正逐步成为一种全新的人才培养模式。因此，要实现学校与企业资源、信息共享的"双赢"，高职院校应以应用为目的，根据社会经济发展的变化不断调整、优化课程体系结构，重视专业技能实践性环节的落实，彻底打破三段式的教学模式，真正实现专业理论与实践教学比例的 1∶1；应在前期按专业大类培养，后期以专业方向训练为具体思路，制订切实可行的、多样化的、柔性教学计划，把自由选课制、分绩点制、弹性学习时间制、间修制、主辅修制等纳入学分制管理范畴，加强实践环节教学，探索工学结合的人才培养模式。比如，可以根据企业用工需要与生产一线人才的要求，将半年实习时间改为一年，实施"2+1"的人才培养模式。成立就业实习中心，实施企业法人管理机制，建立实习、就业、职业规划设计指导三支队伍，以保证"2+1"人才培养模式的顺利实施。

第四章　高职教育实践管理机制与组织结构

第一节　高职教育实践教学管理的机制

一、实践教学管理机制的含义及组成要素

（一）实践教学管理机制的含义

1.管理机制的定义与特征

机制原指机器的构造和工作原理。现已广泛应用于自然现象和社会现象，指其内部组织和运行变化的规律。把机制的本义引申到不同的领域，就产生了不同的机制。如引申到生物领域，就产生了生物机制；引申到社会领域，就产生了社会机制；引申到管理系统，就产生了管理机制。

管理机制是指管理系统的结构及其运行机理，其本质上是管理系统的内在联系、功能及运行原理，是决定管理功效的核心问题。其具有下列特征；

（1）内在性

管理机制是管理系统的内在结构与机理，其形成与作用是完全由自身决定的，是一种内运动过程。

（2）系统性

管理机制是一个完整的有机系统，具有保证其功能可以实现的结构与作用系统。

（3）客观性

任何组织，只要其客观存在，其内部结构、功能既定，就必然要产生与之相应的管理机制。这种机制的类型与功能是一种客观存在，是不以任何人的意志为转移的。

（4）自动性

管理机制一经形成，就会按一定的规律、秩序，自发地、能动地诱导和决定机构的行为。

（5）可调性

机制是由组织的基本结构决定的，只要改变组织的基本构成方式或结构，就会相应改变管理机制的类型和作用效果。

2.实践教学管理机制

各高职院校实践教学体系的内容和组织机构基本相似，为什么组织效果却千差万别？通过调查研究发现，这主要是因为各院校的实践教学管理机制不同。

实践教学管理机制是指为保证实践教学的进行所涉及的各级与实践教学相关的组织或机构、各利益相关主体之间为一个共同目标相互作用的关系体系。这个关系体系通过有关制度的制定和实施，规范体系内的相关利益主体，确保高素质高技能人才这一培养目标的实现，同时也保障了整个管理体系的正常有序运转。

部分高校管理者对实践教学体系的构建在认识上缺乏前瞻性、系统性，进而造成在组织运作上没有实施有效的方法和机制，最后达不到培养学生掌握科学方法和提高动手能力的效果。

实践证明，实践教学的管理是有规律的，应该客观分析当前高职教育各方面面临的新变化，深入思考其对学生、教师和学校的影响。遵循教学规律，做出相应的对策并在实践中修正。总结成果，形成新的理念或规范制度。在正确的办学宗旨和定位下，学校制定制度与机制保证创新不断涌现。正是最后形成的制度与机制，促进了实践教学运行机制、动力机制和约束机制的建立保证实践教学体系建设的良性发展。

（二）实践教学管理体系的组成要素

在高职院校中，实践教学管理体系分为广义和狭义两个方面。广义的管理体系是指在学校实施实践教学过程中所涉及的全部要素。这些要素包括校内和校外两部分。狭义的体系是指在学校实施实践教学过程中所涉及学校内部的各种要素。

从校外要素来说，实践教学所涉及的要素主要包括政府部门和企业、行业、社区、家长等。从校内要素来说，不同的院校、不同的校情和历史渊源使得各院校的机构设置及管理层次各有不同的特点，但任何一个院校其校内管理体系所涉及的利益主体都是共同的，即管理人员、教师和学生。管理系统内运行机制的建立，必须考虑各利益主体之间的相互关系。

二、实践教学管理机制组成要素的职责

这里所说的实践教学管理机制组成要素，既包括校外要素，也包括校内要素。实践教学管理体系既包括与实践教学有关的各级各类组织、机构与组成人员，也包括制约这些组织机构及人员行为的相关管理制度和规范。

（一）实践教学管理体系中政府的职责

高职院校的社会实习实践活动是高校与社会的合作，单靠院校自身的力量和努力很难做好做实，需要政府的协调与参与。政府应当利用自身的优势和条件，协助当地高职院校与社会企事业单位的合作，建立高质量、稳定的实习基地，提高实习质量。

第一，政府要经常深入高职院校进行调研，与高职院校共同研究如何建立高校社会实习实践的运行机制。随着社会经济的发展，高职院校的专业建设、课程设置、教学质量以及人才培养目标等，与社会的需求和发展日益密切，政府对高职院校的关注度也日益提高。同时，政府应该经常性地到高职院校进行调研活动，与工作在高职院校实习实践一线的教师进行座谈，了解高职院校在实践方面，特别是在建立实践基地方面存在的困难，为主动帮助高职院校解决实践问题、就业问题做好准备。

在调查研究的基础上，政府还要与高职院校一起努力探索如何切实解决高职院校社会实习实践难题的新思路，特别是结合我国当前经济发展特点和就业形势，全盘考虑学校、学生与社会、企事业单位利益，形成健康、规范的市场运作和管理模式。

第二，在了解高职院校实践教学的实际困难之后，政府要根据自己的优势，为高职院校与社会单位搭建桥梁。政府要主动向企事业单位大力宣传高职院校实习实践环节对于人才培养和社会发展的重要意义，提高他们对高校实践的认识，特别是让他们认为了解支持教育事业的发展是全社会的责任，

每个企事业单位都有责任为学生实习实践提供条件和机会，这不仅有利于大学生的成才，更有利于企业和社会的发展。政府更要主动为高职院校联系实习实践单位，帮助高职院校与实习实践单位沟通，协调各方面的关系，调动企事业单位承担高校实习任务的积极性，促进实践基地的建设。另外，政府有关部门还应该通过建立网络信息管理或中介机构，及时发布高校专业的人才培养情况和实习实践单位情况，促进双方的了解、沟通与合作。

第三，政府还要努力促成校企合作。校企合作的实习模式是近年来解决学生实习和就业的一种新尝试，并取得了良好的社会效益。一个好的校企合作项目，不但有利于学生实际能力的提高，还能解决学生的就业问题。因此，政府要在条件适宜的时候，积极地促成校企合作，实现实习与就业的直接对接。同时，校企合作对企业人才培养、更新和技术研发等也能起到良好的作用。

政府要加大对校企合作项目的资金投入和政策倾斜，保证合作项目的有效、长期、稳定地开展，既保证高职院校实践环节高质量地完成，又为企业培养了毕业后即刻上岗的后备军，解决就业问题，实现高校、大学生、企业、社会多方受益。

政府还要促进校企双方充分利用校企合作资源，提高校企合作项目的利用和收益。学校不仅可以将此作为学生毕业实习基地，还可以用于认识实习或相关课程的观摩、实践教学基地和假期社会实践基地，并通过对企业发展的了解，促进相关专业建设、课程设置的调整以及人才培养模式的完善，将人才培养与社会需求相统一。企业利用学生实习机会，选拔适合的人才留在企业，将企业需要的人才与高校沟通，有针对性地培养企业需要的人才，与高校开展技术合作和项目研发，利用高职院校师资对员工进行培训等。

（二）实践教学管理体系中管理人员的职责

实践教学管理体系的主体要素包括管理者、教师和学生。这三大要素具有不同的职责。

实践教学管理人员主要包括学院实践教学的职能管理部门的管理人员、各系（部）的教学管理人员和实训基地的管理人员三类。

1.学院实践教学的职能管理部门的管理人员

学院实践教学的职能管理部门的管理人员是代表学院对全院的实践教学

进行宏观的总体规划与安排的，包括对实践教学总学时的要求，每学期各专业实践教学的具体安排，实践教学基地、实验室、实训室的建设规划，制定有关针对实践教学管理的制度，规范专业实践教学文件编制的具体要求，对各专业实践教学实施过程的服务、监督、管理，负责协调实践教学基地在接受学生实习实训等活动中的有关事项。

2. 各系（部）的教学管理人员

各系（部）的教学管理人员是实践教学的一线管理者，负责组织本部门实践教学文件的研制，本部门实践教学任务的协调与落实，以及对本部门实践教学实施过程的服务、监督、管理，还负责本部门所属的实习实训基地、实验室的建设、维护和管理，积极开拓校外实践基地，负责本部门学生实习实训的日常管理，维护良好的实践教学秩序。

3. 实训基地的管理人员

实训基地的管理人员包括生产性实训基地的厂长经理及各级管理者、非生产性实训基地的各级管理人员等。他们的职责主要是维护实训基地的正常工作、生产秩序，保证设备的正常运行；依据教学计划接受、指导、管理相关专业学生的实习实训；对教师的有关实践教学活动、教学研究、技术开发与推广给予支持等。

（三）实践教学管理体系中教师的职责

教师主要是指从事实践教学的校内专职教师及校外兼职教师，也包括校内生产性实训基地的实践指导教师和技术人员。

他们的主要职责是参与各种实践教学文件的研制；参与校内外实践教学基地、实验室的建设；根据学校实践教学的总体要求及有关教学安排，组织实施、指导、评价学生的各类实践教学活动，确保学生在校期间能够掌握相关技能。

（四）实践教学管理体系中学生的职责

学生的主要职责是根据专业教学计划的有关要求，在实践教学指导教师的指导下，完成各类实践教学活动；掌握相应技术等级的技能，接受教师对其参加的各类实践教学课程成绩及技能水平的评价；对学校及专业有关实践教学的管理与安排、实践教学的内容、质量、效果等提出意见、要求并进行综合评价。

三、实践教学管理机制的运行

（一）教学管理机制运行的含义

教学管理机制的运行就是指在认识客观教育规律的基础上，自觉运用这些规律并相应采取各种调节手段调节整个学校教学运行的过程。

教育的客观规律大致包括以下两个方面：

第一，教育同社会发展的内在的本质关系，是从宏观上揭示教育同生产力发展和一定社会政治、经济、文化发展之间相互联系、相互制约的规律。在高职教育中，学校与社会经济、政治、文化的关系密切，它不仅涉及学校专业的设置，还涉及如何培养学生的问题。因此，必须引起学校的高度重视。

第二，教育内部施教者同受教者间的内在的本质关系，是从微观上揭示教育者同教育对象身心发展之间相互联系相互制约的规律。教学管理机制的运行就是在研究掌握这些规律的基础上，自觉运用各种手段适应规律，调节影响学校教学运行的各种要素之间的关系，使各要素的行为符合教育规律的过程。

（二）实践教学管理机制运行的含义

实践教学管理是整个教学管理的一部分，实践教学管理机制的运行也是整个教学管理机制运行的一部分。对照教学管理机制运行的含义，实践教学管理机制的运行是指在认识客观教育规律的基础上，自觉运用这些规律并相应采取各种调节手段，调节影响学校实践教学运行的各种要素之间的关系，使各要素的行为符合教育规律的过程。在这个过程中，要保证各要素作用和功能的发挥需要有好的管理机制。

四、实践教学管理机制的建立

实践教学管理机制的建立是关系实践教学效率与质量的一个关键问题。管理机制的建立要以理念创新为先导。通过实训管理机制结构的调整，努力构建以学生为本、全面参与的激励机制；以自我管理与科学考评相结合的控制机制组成的双重机制。

（一）实训管理机制的转换

1. 管理机制的关键作用

实训是在教师指导下，在"做中学"的一种师生互动实践过程。在传统的教学中，这一过程是完全在教师的直接管理和监督下进行的。学生并不深入了解实训的实际意义，毫无积极性可言，可以说成是在被管理、被监督条件下被动参与实训过程。这必然导致实训组织松散，效果低下。同时，由于采取教师对实训组织与管理工作全部包下来的方式，不堪重负，因此，在实际工作中常常疏于管理，组织不到位。

要有效地提高实训组织管理的实际效果，最根本的就是要转换实训的管理机制，这是提高实训质量的关键因素。

2. 理念更新是机制转换的先导

要转换实训的管理机制，首先要突破传统观念，更新理念。

从以教师为中心转变为以学生为中心。实训是"做中学"的典型形式。而"做"与"学"的主体是学生，所以，实训当然以学生为中心。实训在本质上是为了培养学生技能的实践活动，学生必须主动去做，并自我管理与控制。教师只是学生实训的指导者、服务的提供者，不能"反客为主"，越俎代庖。

从强制性的外在管控转变为以兴趣为核心的内在驱动。传统的教师管理监督，是一种外在的、行政式的管控，不利于学生积极性的调动。只有采用现代的、以调动学生积极性为核心的激励方式，才会使学生自愿参与、积极活动，才会在根本上提高实训质量。这种内在驱动的核心，是学生对实训活动的兴趣机制的作用。

从以知识为本位的终结式考试转变为以能力为本位的形成式考核与终结式考核相结合。在传统的实训考核中，由于技能的柔性化，知识测试仍占有重要地位，并且采用"一锤定音"式考试。这种方式不但不能准确考核学生的真实技能，而且会放松对学生实训过程的必要约束与控制，从而会严重影响实训的质量与效果。注重能力的考核，并将形成式考核与终结式考核相结合起来，就会较为准确地评价学生的真实能力，并实现对实训全过程的约束与控制，从而保证实训的质量与效果。

3. 构建激励与控制双重管理机制

实践教学激励与控制双重管理机制，是指通过教学结构的调整，所形成的基于"以学生为中心"理念的有效激励、自主控制的结构、机理与功能。

一定的管理机制是以一定的管理结构为基础的，是特定管理结构所形成的机理与功能。转变实训管理机制，必须首先调整实训管理结构。实训管理结构主要包括以下四个方面。

（1）师生结构

要确立师生之间的平等关系，特别是确立在学生在实训中的中心地位。

（2）组织结构

营造职业环境与氛围，为学生自主管理提供组织载体，要打破教学班——这种更适合讲授的组织形式，建立各种模拟职业型组织形式，如模拟公司。

（3）权力结构

在传统的管理中，实训计划与实施的权力完全由教师执掌，学生只是被动地服从。因此应建立一种师生共商实训计划、学生自我管理和控制的扁平化权力结构。

（4）考核结构

要确立以学生为主要考核主体的地位，并注重形成式考核，建立由学生控制的全程化考核结构。

当实现了上述结构的调整之后，会形成新的管理机理，实现特定的管理功能。主要包括：①实训动力机制：对学生实施有效激励，激发学生参与实训的积极性。②实训控制机制：对实训活动进行科学控制，这主要是一种学生直接控制方式，教师的控制则是间接的。这两种机制缺一不可，只有激励机制而无控制机制，实训就会失去规范性和必要的约束；而只有控制机制而无激励机制，实训就会缺乏动力而陷于消沉，这两者都会造成实训活动效率低下，质量降低。只有激励与控制双重机制有效互补，共同影响与作用实训过程，才能保证实训过程的高效率，促进实践教学质量的不断提高。

（二）以学生为本、全面参与的激励机制

1. 将教学班转变为学习团队组织模拟职业型组织

团队管理理论主张从传统的"命令型"、垂直式管理组织转变到"民主型"、扁平式的团队管理组织，强调自主管理，沟通合作。

适应实践教学的需要，打破教学班的唯一形式，尝试建立各种形式的团队学习组织，即各种与所学专业对应的模拟职业组织形式。主要做法是：经过竞聘产生各公司总经理；通过招聘与自愿组合的方式组建若干课程模拟公司；实践教学以公司为单位组织；各公司自主安排课外与校外各种专业性活动。

2. 学生自主管理、全面参与

为最大限度地鼓励学生参与教学过程的设计与管理，实行"三同一轮"措施：课前师生共同设计与策划教学安排（将实训指导大纲发给学生）；课上师生共同组织实践活动（由学生模拟公司主持）；对实训成绩师生共同评价（以学生为主，教师为辅）；实行课程公司轮值主持制，即每一章都由一家轮值主席公司负责主持该章的教学与实践活动，并负责评定全班成绩。学生自主管理的团队学习促进了学生的全面参与、全员参与、深度参与。

3. 运用多种形式激励学生参与实训积极性

激励人工作最有效的因素是一些和工作本身相关的因素，即对工作本身感兴趣。运用到教学领域，调动学生实训积极性最有效的激励因素是使学生对实训本身感兴趣。

在实训中，对学生有明显激励的要素主要有以下六个：

（1）实训内容的有用性

在实训之前及过程中，教师要引导学生认识实训内容在未来就业中的重要意义，以吸引其积极参加。这是最基本的调动积极性的因素。

（2）实训方式的趣味性

实训方式本身的有趣性以及克服单调乏味的新奇感，都会吸引学生积极参与。

（3）表现欲的满足

年轻人的一个突出心理特征就是有很强的表现欲望，愿意在别人面前显示自己的长处、能力和热情。在实训过程中给学生们更多的表现机会，使实训的过程成为学生广泛参与、自我表现的过程，就会极大地调动学生参与实训的积极性。

（4）增强挑战性

争强好胜是年轻人的又一大特征。在实训中有意识地设置一些难题与障碍，或强调活动的困难程度，会使学生产生一种敢于挑战强者、战胜困难的激情与冲动，从而以更高的热情积极参与。

（5）鼓动竞争

竞争会使个人或群体产生巨大的压力与动力。在实训过程中，有意地设计一些个人或团队之间的竞争，如企业盈亏、绩效排名等，就会使那些不甘落后的学生们认真对待，全力以赴，一争高下。

（6）营造心理突破氛围

学生们的情绪极易受到环境与群体因素的影响。在消沉冷漠的气氛下，学生们的激情是很难被激发的。因此，在实训中营造一种有利于激发学生热情的氛围是至关重要的。

（三）以自我管理与科学考评相结合的控制机制

1. 精细严密的组织

实训活动鼓励学生自主管理与自我控制，绝不等于教师听之任之，恰恰相反，这需要教师付出更多的努力与筹划。教师的角色从台前走到台后，从直接控制转到间接控制，这就需要教师精心策划，严密组织，提供尽可能具体的指导与帮助，引导和支持学生更好地组织与控制实训教学。特别要抓好事前设计、师生共商、实施中引导、全程帮助等关键环节。

2. 人性化教育与管理

鼓励学生自主管理与自我控制，也绝不等于教师完全放弃教育与管理。问题的关键是要放弃空洞说教和简单的行政式管理，取而代之的是要实施基于现代"以人为本"的人性化教育与管理。在实训教学中，教师要以平等身份、以沟通的手段，与学生进行互动与交流，启发诱导学生的自主、自律、自强意识，深入感悟职业意义与职业体验，增强训练技能的自觉性，以开展有序、高效、高质量的实训教学。

3. 以自我管理为核心的团队约束

团队管理的核心是自我管理，是靠成员角色的自律和团队成员之间的互律，以及整个团队的隐性规范、群体氛围、内在压力实现的。在实训过程中应充分重视与发挥学习团队的约束作用，实施内在的柔性化控制。要按照现代学习团队的要求建立模拟职业性组织，使其形成较强的内在凝聚力、先进的群体规范与氛围，并进而形成各团队之间的良性竞争，以充分发挥团队的内在约束作用。要尽可能以模拟公司为单位组织实训活动，强化公司的组织者地位；以模拟公司为单位统计学习成果，定期公布，强化公司间竞争；将各公司成果记入其成员的学习成绩中。

4.全程化、全员化、立体化考核

要构建全新的考核体系，突出学生的全员考核地位，突出全过程考核。

（1）考核对象全程化

把学生实训的全部过程、每项实践都列入考核范围。课程评分结构为：平时60分（主要是实训成绩）+期末40分（包括30分网上考试和10分口试）。

（2）考核主体全员化

学生在实训过程中的考核，全部由全班同学或轮值主席公司的全体成员评估打分，每个人都有机会为全班同学打分。按照"大数定律"，实际考核成绩是基本合理的。

（3）考核媒介立体化

主要有项目考核、操作考核、作业评定、现场评估、集体打分、网上考试、口试等多种形式。逐渐实现考核手段计算机化，如编制自动组卷软件与网上考试软件，以实现网上考试。

第二节　高职教育实践教学管理的组织结构

一、组织概述

管理人员一旦确定了组织的基本目标和方向，且制订了明确的实施计划和步骤之后，就必须通过组织职能为决策和计划的有效实施创造条件。组织职能是保证决策目标和计划有效落实的一种管理功能。

组织是由人组成的，又是由人来管理的。几乎每个人都是组织的成员，并且在其中工作、学习和生活。同时我们和许多组织有利益关系，我们赖以生存的资源要由组织来提供，我们是各类组织所提供商品和服务的消费者及顾客，我们服务社会的愿望也要通过加入一定的组织得以实现。此外，还有一些人是组织的管理者，需要想方设法提高组织的效率和效益。因此，组织与人息息相关。所以，组织在人的生活、工作和社会发展中有重要的地位，组织的有效运作离不开人对组织行为及其规律的研究。

（一）组织的含义

通常情况下，"组织"一词有两种解释：作为名词的（或静态的）组织是指人的集合体；作为动词的（或动态的）组织是指管理的一项重要职能。在管理学中，既要研究静态的组织，也要研究动态的组织。因为每项管理活动都是存在于一个组织范围内，并且都需要运用组织这一基本职能。这里主要讨论组织的一般问题。希腊文原义是指和谐、协调。目前，组织一词使用得比较广泛，一般主要从两个角度理解其含义。

1.组织的一般含义

组织是为了达到某些特定目标，在分工合作基础上构成的人的集合体。组织作为人的集合体，不是简单的毫无关联的个人的加总，它是人们为了实现一定目的，有意识地协同劳动而产生的群体。生活中可以发现我们周围有很多被称为组织的群体，如某企业、某协会、某政府部门。这些组织从事的活动各不相同，但它们都有目的、有计划、有步骤地对个体行为进行协调，形成集体的行为。

理解组织的含义，我们一定要抓住以下四点。

（1）组织是一个"人为"的系统

"人为"的系统是指这一系统是由人建立的，以人为主体的具有特定功能的整体。由于是人为的系统，系统的功能差异较大，相同要素组成的系统可能因结构的不同而影响系统的功能。

（2）组织必须有特定目标

目标是组织存在的前提，不管目标是明确的，还是模糊的，组织都是为这一特定目标而存在的。组织目标反映了组织的性质及其存在的价值。

（3）组织必须有分工与协作

组织的本质在于协作，正是由于人们聚集在一起，协同完成某项活动才产生了组织。企业生产各环节是建立在分工基础上的密切合作，是把原材料变成成品的前提。组织功能的产生是人类协作劳动的结果。

（4）组织必须有不同层次的权利与责任制度

权责关系的统一，使组织内部形成反映组织自身内部有机联系的不同管理层次。这种联系是在分工协作基础上形成的，是实现合理分工协作的保障，也是实现组织目标的保障。组织规模越大，权责关系的处理越重要。

2. 组织的管理学含义

在管理学中，组织被看作是反映一些职位和一些个人之间的关系的网络式结构。从以上定义中我们可以看出，在管理学中，组织的含义可以从静态与动态两个方面来理解。

（1）静态方面

静态方面是指组织结构，即反映人、职位、任务以及它们之间的特定关系的网络。这一网络可以把分工的范围、程度、相互之间的协调配合关系、各自的任务和职责等内容用部门和层次的方式确定下来，成为组织的框架体系。

（2）动态方面

动态方面是指维持与变革组织结构，以完成组织目标的过程。组织必须根据组织的目标，建立组织结构，并不断地调整组织结构以适应环境的变化。正是从组织的动态方面理解，组织被作为管理的一种基本职能。通过组织机构的建立与变革，将运营活动的各个要素、各个环节，从时间上、空间上科学地组织起来，使每个成员都能接受领导、协调行动，从而产生新的、大于个人和小于集体功能简单加总的整体职能。

（二）组织的构成要素

组织作为一个系统，一般具有以下五个要素。

1. 人员

人既是组织中的管理者，又是组织中的被管理者，建立良好的人际关系，是建立组织系统的基本条件和要求。

2. 岗位职务

明确每个人在系统中所处的位置以及相应的职务，便可形成一定的职务结构。

3. 职责与权力

不同职务的人须承担不同的责任和行使不同的权力，以达到指挥、控制和协调的目的。

4. 信息

管理组织内部与外部的联系，主要是信息联系。只有信息沟通，才能保证组织的有效运转。

5. 目标

目标是构成组织不可缺少的要素，任何组织都是为了实现特定的目标建立的，否则就不能称为组织。

（三）组织的作用

1. 组织是帮助人类社会超越自身个体发展能力的重要支撑

组织存在的基础是生产的社会化。随着社会需求的日益复杂化、多样化，单纯依靠个人的力量无法满足这些需求，因此人们组成各类组织，在组织中统筹安排各种资源，以尽可能少的资源消耗取得最大的收益。当然，由于组织是人的集体，其作用大小差异较大。当组织高效有序运转时应维护组织的稳定性，当组织运转效率较低时应及时完善，加强领导与协调，使之更加富有成效地实现组织目标。但无论如何，组织的存在与发展都显示了其在人类发展中的重要作用。

2. 组织是实现管理目标的重要保证

组织的作用是由运转过程实现的。要创建一个有效的组织，只是集合一些人、分给他们职务是不够的。应该找到必要的人并把他们放在最能发挥作用的位置上。作为管理的基本职能，组织在组织管理中具有重要作用。

3. 组织是连接组织领导与员工、组织与环境的桥梁

组织是实现有效领导的前提，是领导与员工的信息交流、情感交流。信息交流可使每个员工明确个人的权利与责任。借助于组织内部在合理分工基础上形成的权责分配关系，使组织成员有一个正式的信息联系渠道，可以了解运营中出现的问题，及时进行信息传递，保证问题的及时有效解决，避免出现矛盾与误解。

二、组织结构的类型

高校的组织结构是指高等院校内部各种要素的一种特定组合，是高等学校内部各要素的一种有序搭配。从管理学来说，常见的组织结构类型有直线型组织结构、职能型组织结构、直线职能型组织结构、事业部型组织结构和矩阵型组织结构。

（一）直线型组织结构

直线型组织结构是最古老的组织结构形式，也是最简单和最基础的组织形式。"直线"是指在这种组织结构下，职权直接从高层开始向下"流动"（传递、分解），经过若干个管理层次达到组织最低层。

1. 直线型组织结构的特点

第一，组织中每一位主管人员对其直接下属拥有直接职权。

第二，组织中的每一个人只对他的直接上级负责或报告工作。

第三，主管人员在其管辖范围内，拥有绝对的职权或完全职权，即主管人员对所管辖的部门的所有业务活动行使决策权、指挥权和监督权。

2. 直线型组织结构的优势

一个下级只受一个上级领导管理，上下级关系简明清晰，层级制度严格明确，保密程度好，决策与执行工作有较高效率；管理沟通的信息来源与基本流向固定，管理沟通的渠道也简单固定，管理沟通的速度和准确性在客观上有一定保证。

3. 直线型组织结构的缺陷

管理无专业分工，各级管理者必须是全能管理者，各级管理者负担重，但企业较大时，难以有效领导与管理；管理沟通的信息来源与基本流向被管理者牢牢控制，并且管理沟通的速度和质量严重依赖于直线中间的各个点，信息容易被截取或增删，造成管理沟通不顺畅或失误。

4. 直线型组织结构的适用范围

这种组织结构适用于企业规模不大，职工人数不多，生产和管理工作都比较简单的情况或现场作业管理，也适用于中小型项目。

（二）职能型组织结构

职能型组织结构是指各级行政单位除主管负责人外，还相应地设立一些职能机构。如在厂长下面设立职能机构和人员，协助厂长从事职能管理工作。

1. 职能型组织结构的特点

这种结构要求行政主管把相应的管理职责和权力交给相关的职能机构，各职能机构就有权在自己业务范围内向下级行政单位发号施令。因此，下级行政负责人除了接受上级行政主管人指挥外，还必须接受上级各职能机构的领导。

2. 职能型组织结构的优势

能适应现代化工业企业生产技术比较复杂、管理工作比较精细的特点；能充分发挥职能机构的专业管理作用，减轻直线领导人员的工作负担。

3. 职能型组织结构的缺陷

它妨碍了必要的集中领导和统一指挥，形成了多头领导；不利于建立和健全各级行政负责人和职能科室的责任制；在上级行政领导和职能机构的指导和命令发生矛盾时，下级就无所适从，影响工作的正常进行，容易造成纪律松弛，生产管理秩序混乱的现象。

4. 职能型组织结构的适用范围

由于这种组织结构形式的明显的缺陷，现代企业一般都不采用职能制。

（三）直线职能型组织结构

直线职能型组织结构是现代工业中常见的一种结构形式，被称为"U型组织"或"单一职能型结构""单元结构"。

1. 直线职能型组织结构的特点

以直线为基础，在各级行政主管之下设置相应的职能部门从事专业管理，并作为该级行政主管的参谋，实现主管统一指挥与职能部门参谋指导相结合。这种结构下，下级机构既受上级部门的管理，又受同级职能管理部门的业务指导和监督。各级行政领导人逐级负责，高度集权。这是一种按管理职能划分部门，并由最高经营者直接指挥的体制。

2. 直线职能型组织结构的优势

它既保持了直线型结构集中统一指挥的优点，又吸收了职能型结构分工细密、注重专业化管理的长处，从而有助于提高管理工作的效率。

3. 直线职能型组织结构的缺陷

第一，它属于典型的集权式结构，权力集中于最高管理层，下级缺乏必要的自主权。

第二，各职能部门之间的横向联系较差，容易产生脱节和矛盾。

第三，这种组织结构建立在高度的"职权分裂"基础上，各职能部门与直线部门之间如果目标不统一，则容易产生矛盾。特别是需要多部门合作的事项，往往难以确定责任的归属。

第四，信息传递路线较长，反馈较慢，难以适应环境的迅速变化。

4.直线职能型组织结构的适用范围

直线职能制结构适于产品单一、销量大、决策信息较少的企业，大中型企业组织较普遍采用。

（四）事业部型组织结构

事业部型组织结构亦称 M 型结构或多部门结构，有时也称为产品部式结构或战略经营单位。

1.事业部型组织结构的特点

事业部型是分级管理、分级核算、自负盈亏的一种形式，即一个组织按地区或按产品类别分成若干个事业部。从产品的设计、原料采购，一直到产品销售，均由事业部及所属工厂负责，实行单独核算、独立经营，公司总部只保留人事决策，预算控制和监督大权，并通过利润等指标对事业部进行控制。

2.事业部型组织结构的优势

第一，总公司领导可以摆脱日常事务，集中精力考虑全局问题。

第二，事业部型实行自主经营、独立核算，更能发挥经营管理的积极性，更有利于组织专业化生产和实现组织的内部协作。

第三，各事业部之间有比较、有竞争，有利于组织的发展。

第四，事业部内部的供、产、销等职能之间容易协调。

第五，事业部经理要从事业部整体来考虑问题，有利于培养和训练全能型管理人才。

3.事业部型组织结构的缺陷

第一，总部与事业部的职能机构重叠，构成管理人员浪费。

第二，事业部实行独立核算，各事业部只考虑自身的利益，影响事业部之间的协作。

第三，由于科研资源的分散使用使得深层次研究活动难以开展。

4.事业部型组织结构的适用范围

事业部型适用于规模庞大、产品品种繁多、技术复杂的大型组织，当总部的无形资产有巨大吸引力、管理能力很强，同时分公司又有独立的市场和独立的利益时适宜选择事业部型。

（五）矩阵型组织结构

矩阵型组织结构是把按职能划分的部门和按产品（项目）划分的小组结合起来组成一个矩阵，员工既同原职能部门保持组织与业务上的联系，又参加项目小组的工作。

1. 矩阵型组织结构的特点

矩阵型组织的特点表现在围绕某项专门任务成立跨职能部门的专门机构。这种组织结构形式是固定的，人员却是变动的。

2. 矩阵型组织结构的优势

第一，将组织的横向与纵向关系相结合，有利于协作生产和适应环境变化的需要。

第二，针对特定的任务进行人员配置有利于发挥个体优势，集众家之长，提高项目完成的质量，提高劳动生产率。

第三，各部门人员的不定期的组合有利于信息交流，增加互相学习机会，提高专业管理水平。

3. 矩阵型组织结构的缺陷

第一，项目负责人的责任大于权力，没有足够的激励手段与惩治手段；员工面临双重的职权关系，容易无所适从和产生混乱感。

第二，由于项目组成人员来自各个职能部门，当任务完成以后，仍要回原单位，因而容易产生临时观念，对工作有一定影响。

第三，员工需要有良好的人际关系技能并接受高强度的训练。

第四，耗费时间，需要频繁开会以讨论冲突解决方案。

4. 矩阵型组织结构的适用范围

第一，拥有中等规模和中等数量产品线的组织适宜采用矩阵结构。

第二，当环境的不确定性和部门之间存在高度依存关系时，适宜采用矩阵结构。

三、实践教学管理中组织的主要任务

在我国高职的实践教学管理过程中，组织的职能就是将各种与实践教学活动有关的各种要素、各部门、各环节都有机地组合起来，使之形成一个相互协调的有机整体，以使整个实践教学活动有序进行。其主要任务包括以下四个方面。

（一）实践教学组织结构的设计

1.组织结构设计的基本原则

组织结构设计是指一个正式组织为了实现其长期或者阶段性目标，设计或变革组织的结构体系的工作。

设计组织结构应遵循以下基本原则。

（1）有效性原则

组织结构设计要为组织目标的实现服务；力求以较少的人员、较少的层次、较少的时间达到较好的管理效果；组织结构设计的工作过程要有效率。

（2）分工与协作原则

分工与协作是相辅相成的，只有分工没有协作，分工就失去意义，而没有分工就谈不上协作。

（3）权力、责任、利益对等原则

权力、责任和利益三者之间是不可分割的，必须是协调的、平衡的和统一的。在委以责任的同时，必须委以必需的权力，还必须有利益来激励。有责无权，有权无责，或者权责不对等、不匹配等，都会使组织结构不能有效运行，组织目标也难以实现。

（4）分级管理原则

每个职务都要有人负责，每个人都知道他的直接领导是谁，下级是谁。正常情况下，下级只接受一个上级的命令；每一个上级领导不得越权指挥但可以越级检查，下级也不得越级请示但可以越级反映情况和提出建议。

（5）协调原则

一是组织内部关系的协调；二是组织任务分配的协调。

（6）弹性结构原则

具有弹性是指一个组织的部门机构、人员的职责和职位都应适应环境的变化而作相应的变动。它要求部门机构和职位都具有弹性。

2.实践教学管理组织结构的设计

在实践教学管理中，组织结构的设计就是按照实践教学管理要达到的目标、任务、规模及所处的教学环境确定实践教学管理的组织结构、设置管理职位、划分职权与职责，从而搭建有效的实践教学管理系统框架。

对于高职院校来说，在设计实践教学管理组织结构时，要注意以下几个方面。

第一，必须以最大限度满足学生技能实训的需要为出发点。

第二，校内生产性实训基地与实践教学管理部门要做到协调合作。

第三，实践教学的组织结构设计在考虑学生实践教学需要的基础上，要考虑到生产性实训基地具有全部企业或部分企业特点的现实，为其生产的正常运行提供条件，使其在一定程度上能够面向市场，参与市场竞争。

（二）实践教学组织系统的运行

在实践教学管理过程中，必须使各种与实践教学活动有关的各要素如实践教学相关管理者、教师、学生、设备等；各部门如实践教学管理的职能部门、各系部、专业教研室、实训基地等；各环节如实践教学人、财、物的准备、实践教学的实施、监督检查等，有机地组合起来，使之形成一个相互协调的有机整体，才能保证实践教学组织的正常运行。

1. 制定实践教学管理的制度规范

制定制度规范的目的在于保证实践教学管理系统中各部门相关人员的工作任务、工作范围、工作权限、工作标准要求明确，便于工作与考核。

这些制度规范，有些是针对部门的，如在主管院长领导下，教务部门负责全校实践教学的组织、管理和协调工作。其主要任务是：审查实践、实习教学方案、大纲；审查和协调全院的实习实训计划和经费预算；配合有关教学单位组织并推动实习实训前的各项准备工作；协助各教学单位开展实践基地建设，收集资料、组织经验交流；实地调查、了解实习工作状态和实践教学管理情况等。有些是针对个人的，如各教学单位负责人负责指导、管理本单位的实践教学工作。其主要任务是：指导编制本教学单位各专业的实习实训方案、教学计划和大纲、经费预算，审定专业负责人指派的指导教师；督促、指导和帮助各专业进行实习实训的各项准备工作；检查各专业实践教学工作质量及效果；总结本教学单位的实习工作经验并组织经验交流。

2. 制定实践教学管理的工作流程

实践教学管理的工作流程是指实现实践教学最终管理目标和工作任务的

工作路径。它体现了各类工作任务间的顺序关系。这种顺序关系是由工作任务的特点和逻辑关系决定的。

如对于实践教学指导教师来说，应根据教学进程、实践教学大纲的要求，填报实践教学计划，经教研室审核批准后，报系部审批。在实践教学开始前，实践教学指导教师应向学生讲解实践教学的目的、要求、任务、时间安排、步骤、安全注意事项和实践教学纪律等内容。

如在实践教学设备、物品采购的工作中，各系部应先根据实际情况，对申请购置设备物品的可行性和实用性、效益性进行充分论证；然后根据论证的结果向教务处提出申请，经教务处审查后交院领导审批；在院领导审批后，由教务处及相关部门共同与经办单位签订合同，后续事宜均按合同执行。

3. 建立信息沟通渠道

建立信息沟通渠道是为了相关管理者及时准确地获取所需的信息，以便适时地对工作进行调整，更好地完成工作任务。在高职院校实践教学管理系统中，信息沟通的主要渠道如下：

（1）正式沟通和非正式沟通渠道

正式沟通是指在组织系统内，依据一定的组织原则所进行的信息传递与交流。例如，组织与组织之间的公函来往，组织内部的文件传达、召开会议，上下级之间的定期的情报交换等。另外，团体所组织的参观访问、技术交流、市场调查等也在此列。在实践教学管理中，正式沟通主要是指根据一定的组织原则所进行的信息传递与交流。

正式沟通的优点是，沟通效果好，比较严肃，约束力强，易于保密，可以使信息沟通保持权威性。重要的信息和文件的传达、组织的决策等，一般都采取这种方式。其缺点是由于需要依靠组织系统层层的传递，所以较刻板，沟通速度慢。

非正式沟通渠道指的是正式沟通渠道以外的信息交流和传递，它不受组织监督，自由选择沟通渠道。非正式沟通是正式沟通的有机补充。在许多组织中，决策时利用的情报大部分是由非正式信息系统传递的。同正式沟通相比，非正式沟通往往能更灵活迅速地适应事态的变化，省略许多烦琐的程序；并且常常能提供大量的、通过正式沟通渠道难以获得的信息，真实地反映员工的思想、态度和动机。因此，这种动机往往能够对管理决策起重要作用。

　　非正式沟通的优点是沟通形式不拘，直接明了，速度很快。非正式沟通能够发挥作用的基础，是团体中良好的人际关系。其缺点表现在，非正式沟通难以控制，传递的信息不确切，易于失真、曲解，而且它可能导致小集团、小圈子的产生，从而影响人心稳定和团体的凝聚力。

　　此外，非正式沟通还有一种可以事先预知的模型。心理学研究表明，非正式沟通的内容和形式往往是能够事先被人知道的。

　　它具有以下几个特点：①消息越新鲜，人们谈论的就越多。②对人们工作有影响者，更容易招致人们谈论。③最为人们所熟悉者，最多为人们谈论。④在工作中有关系的人，往往容易被牵扯到同一传闻中去。⑤在工作上接触多的人，最可能被牵扯到同一传闻中去。对于非正式沟通这些规律，管理者应该予以充分注意，以杜绝起消极作用的"小道消息"，同时利用非正式沟通为组织目标服务。

　　现代管理理论提出了一个新概念，成为"高度的非正式沟通"。它指的是利用各种场合，通过各种方式，排除各种干扰，来保持他们之间经常不断的信息交流，从而在一个团体、一个企业中形成一个巨大的、不拘形式的、开放的信息沟通系统。实践证明，高度的非正式沟通可以节省很多时间，避免正式场合的拘束感和谨慎感，使许多长年累月难以解决的问题在轻松的气氛下得到解决，减少了团体内人际关系的摩擦。

　　（2）向上沟通渠道

　　向上沟通渠道主要是指团体成员和基层管理人员通过一定的渠道与管理决策层所进行的信息交流。它有两种表达形式：一是层层传递，即依据一定的组织原则和组织程序逐级向上反映；二是越级反映，这指的是减少中间层次，让决策者和团体成员直接对话。在实践教学管理中，主要是指基层管理人员与师生通过一定的渠道与上级管理者及管理决策层（如院长）所进行的信息交流。

　　向上沟通的优点是员工可以直接把自己的意见向领导反映，获得一定程度的心理满足；管理者也可以利用这种方式了解企业的经营状况，与下属形成良好的关系，提高管理水平。

　　向上沟通的缺点是在沟通过程中，下属容易因级别不同造成心理距离，形成一些心理障碍；害怕上级打击报复，不愿反映意见。

（3）向下沟通渠道

管理者通过向下沟通的方式传送各种指令及政策给组织的下层，其中的信息一般包括：①有关工作的指示。②工作内容的描述。③员工应该遵循的政策、程序、规章等。④有关员工绩效的反馈。⑤希望员工自愿参加的各种活动。在实践教学管理中，高层管理者主要是指通过各种方式传送各种指令及政策等信息给基层管理人员和广大师生。

向下沟通渠道的优点是它可以使下级主管部门和团体成员及时了解组织的目标和领导意图，增加员工对所在团体的向心力与归属感。它也可以协调组织内部各个层次的活动，加强组织原则和纪律性，使组织机器正常的运转下去。

向下沟通渠道的缺点是如果这种渠道使用过多，会在下属中造成高高在上、独裁专横的印象，使下属产生心理抵触情绪，从而影响团体的士气。此外，由于来自最高决策层的信息需要经过层层传递，容易被耽误、搁置，还有可能出现事后信息曲解、失真的情况。

就比较而言，向下沟通比较容易，甚至可以利用广播、电视等通信设施；向上沟通则困难一些，它要求基层领导深入实际，及时反映情况，做细致的工作。一般来说，传统的管理方式偏重于向下沟通，管理风格趋于专制；而现代管理方式则是向下沟通与向上沟通并用，强调信息反馈，增加员工参与管理的机会。

（4）水平沟通渠道

水平沟通渠道指的是在组织系统中层次相当的个人及团体之间所进行的信息传递和交流。在企业管理中，水平沟通又可具体的划分为四种类型：①企业决策阶层与工会系统之间的信息沟通。②高层管理人员之间的信息沟通。③企业内各部门之间的信息沟通与中层管理人员之间的信息沟通。④一般员工在工作和思想上的信息沟通。

（三）实践教学组织系统的调整

任何一个组织系统都不是一成不变的。同样，实践教学组织系统也会随着人员构成、高职的专业结构、规模等系统内因素或者因国家政策、院校管理体制等系统外因素变化而变化。为了适应这种变化，就要对实践教学的组织从结构到职责、权限等做出调整。实践教学组织人员也要不间断对实践教学进行巡视督察，注重收集学生的反馈意见，及时发现问题，调整解决。

四、一般高等院校教学管理的组织结构

一般高等院校的组织结构是大学组织内部结构要素在外部诸要素的作用下组成的具有一定关系的形式。大学组织结构的优劣、合理与否直接影响到大学功能的发挥和大学战略目标的实现。大学的组织结构一般分为管理组织结构和学科组织结构。管理组织结构是指高校党政管理部门及群团组织，管理组织结构为学科组织结构提供服务、咨询、协调，大学组织结构的变动主要包括组织结构调整、增减，职能的转变，及组织结构间的职责、权限、隶属关系的重新划分与界定。学科组织结构指高校按学科设置的学术管理机构。这里主要从发展变化的角度研究高校教学管理的组织结构。

（一）高校传统教学管理组织结构

我国高校实行的校系两级管理模式，也就是我国高校的传统教学管理组织结构。它具有以下特征。

1. 以"校—系两级管理"为特征的机构设置模式

教学管理机构一般只包括校、系两级。

2. 以"重心偏上的集中管理"为特征的责权配置模式

作为学校第一责任人的校长，其教学工作的决策权限会沿着水平方向和垂直方向两个维度进行分配。水平方向维度的最高决策权力组织是校务委员会，决策支持组织是校教学工作委员会等专门委员会，通过职能部门的作用，统一调动学校各种资源为教学服务，统一管理教学工作进程及信息反馈，实现各项教学管理目标。校级控制着绝大部分的决策权。垂直方向维度的战略执行和战术决策的权力组织主要有教务处和各教学系。教务处代表学校具体履行教学管理职能。系级被赋予的责权多数是教学实施过程中的执行权，在学校统一管理下，系级决策的自由度较小。

3. 以"直线职能型管理"为特征的行政执行模式

这是指以"校—系"直线行政领导关系为基础，与教务处业务指导相结合的行政执行模式。

4.传统教学管理组织模式改革的动因

传统的教学管理组织模式是在当时高校规模不大、倡导学科分化、引导培养专才、崇尚服从与统一的历史背景下产生的。但随着高职教育进入大众化阶段，传统模式已经不能适应管理的需要：①不能适应学科专业交叉、融合的需要。②不能适应宽口径、复合型人才培养的需要。在二级学科门类平台上建"系"的局限性及"系"与"系"之间的行政管理权的相对独立性，使其在大学科平台上进行人才培养模式改革、教学内容与课程体系改革会遇到制度模式而引发障碍。③不能适应高职教育大众化发展的需要。随着高校办学规模的扩大和学科专业增加，在二级学科门类下建制的"系"的数量也必然会随之增加。在传统教学管理组织模式中，以"系"为一级的权力机构（中层），可在一定的职权范围内独立行使资源使用和调配的权力，"系"的增加会导致校内紧缺资源的竞争更加激烈，组织内部的利益壁垒更加强化，既不利于学校人力资源、设备资源的共享，也不利于学科之间的互补与合作。④不能适应管理重心下移的需要。"系"的数量的增加，直接导致学校职能部门的管理幅度有形增加，为协调平衡职能部门的管理权限无形增加，带动管理重心不断上移，致使其超出其应承担的职责范围和能承受的能力范围。一方面职能部门责任分担过重，行政管理难免顾此失彼，学术管理难免越俎代庖；另一方面"系"级决策权限不断被剥蚀，挫伤了"系"主动承担管理责任的积极性，难以发挥其在教学科研中的主体作用。

（二）经过变革的教学管理组织结构

进入 21 世纪，为了应对发展的需要，许多高校不断进行教学管理组织结构变革，大致有以下几种模式。

1."校—院—教研室"模式

一些大学把若干个"系"合并组成"院"，以此来减少中间的教学部门的数量，促进学科的交叉与融合。"院"持有学校赋予的教学管理行政权，既是管理实体也是教学科研实体，教研室没有教学行政管理职能和人财物的实际权力。这种模式实际是对传统的教学管理组织模式的局部改良，机构设置特点仍是"两级管理制"，责权配置特点是"重心部分下移的集中管理"，行政执行仍为"直线职能型管理"模式，是"校—系"模式的简单放大。其中"校"级层面的决策能够更多地下移到"院"，而原多个"系"级层面权限也集中上移到"院","院"的管理幅度迅速变大，既要组织完成教学科研任务，也要承担起类似校级职能部门所承担的管理协调职责。

2."校—院—系"模式

这种模式较之"校—院—教研室"模式，从形式上看似乎只是第三级组织的名称不同而已，但是实际上从教学管理组织模式角度考察，已经发生了较大变化。一是其机构设置模式特征为"校—院—系"三级管理，校、院是管理实体，系是教学科研实体，虽不承担教学行政管理职能，但已经分担了部分学术行政管理职责。"院"级除了教学行政日常管理外，在学术管理方面只负责本"院"，如学科规划与建设、专业布局与调整、长期发展规划等重大问题的决策，学科建设、课程建设、师资建设、实验室建设、教材建设等学术管理具体由"系"负责。在这个模式中教研室仍是教学科研最基层单位，没有实际的教学及学术行政管理权。二是其责权配置模式特征为"重心下移的分权管理"。由于"系"的设置适当分散了"院"的管理权限，使得学术管理权趋向于回归从事于学科专业建设的学者专家主体，不仅能够较好地调动教师的积极性与创造性，更有利于学校愿意把更多的管理权限下移给"院"，促进管理重心不断下移的良性循环。三是其行政执行模式特征虽然仍为"直线职能型"，但教学管理的重心继续下移，并在"院"分流，教学行政管理权集中在"院"级，学术行政管理分权于"院""系"之间，"院"在教务处业务指导下进行自我管理，教务处不直接指导"系"。

（三）目前高校教学管理的组织结构

虽然经过变革的教学管理组织结构固然具有不少积极作用，但仍存在一些缺陷。因此，人们又探索出了目前高校使用最多的矩阵型组织结构。

矩阵型组织结构是在直线职能型组织结构的基础上，又增加了一种横向的管理链。

纵横两条管理链如同矩阵的两类向量，交错形成矩形的组织结构。该结构具有灵活、高效、便于资源共享和组织内部沟通等优势，有利于加强各职能部门间的联系和协作，使得组织更加扁平化、柔性化、应变能力更强，非常适合项目攻关。

高校矩阵型组织结构是将学院与项目有机结合的一种组织方式，兼顾了学科导向和项目导向。矩阵的纵向为学科导向，即以目前的学院建制为主，保留原有的学科专业、职能部门的指挥线，由院系领导、学科带头人负责，保证本学科的深入发展以及教学工作的正常运行。

矩阵的横向，以项目为导向，以解决实际问题为目的，根据产学研协同创新的要求承接各类课题项目。项目负责人可以打破原有院系的壁垒，将来自不同学科、院系的研究人员组织在一起，形成科研创新团队，充分整合高校的科研资源，实现知识共享。

项目组的成员同时还要接受来自本学院与项目负责人两方面的领导，既要完成所在学院分配的教学、科研工作，又要完成项目负责人安排的研究任务。

五、高职院校实践教学管理的组织结构

高职院校实践教学由校内实践和校外实践两部分构成。因此，其实践教学管理机构可分为校内实践教学管理机构和校外实践教学管理两个机构。不同的管理机构分管的工作任务不同，但其目的相同，都是保证人才培养工作的顺利开展的实践教学管理组织结构。

校内实践教学管理机构由学院决策层（分管教学的院长等）、教务处、师资培训中心、实训设备中心及教学系部组成。分管教学的院长等决策层负责学院实践教学管理的整体工作的开展，进行宏观控制；教务处实践教学科负责实践教学的计划、组织和实施；师资培训中心负责教师的企业挂职锻炼，帮助"双师型"教师队伍成长；实训设备中心负责实训设备的购置、分配、维修等工作；教学系部是实践教学管理组织的基本单位，负责实践教学。

校外实践教学管理机构由人才培养中心、员工培训中心、产品研发中心构成。企业与学校合作设立校企合作指导委员会，由人才培养中心、员工培训中心、产品研发中心构成。主要负责学生实习的安排、管理及成绩考核，加强学校专职教师与企业兼职教师的培养，促进教师和企业技术人员共同完成技术研发，强化校企合作。

（一）教务处实践教学的主要工作职责

第一，组织教学部门研究制定实践教学管理的各项规章制度，并组织实施。

第二，审核全校的实践教学实施计划。

第三，指导、监督实践教学计划、教学大纲的实施。

第四，加强实践教学改革方向的指导及进行实践教学改革的立项审查。

第五，开展实践教学检查、评估；总结实践教学工作；组织经验交流等。

第六，调配实践教学场所，协调解决全院实践教学中的有关问题。

第七，教学实践基地兼职教师职务聘任管理工作。

第八，为实践教学的顺利开展提供相关服务。

（二）教学系部的主要工作职责

第一，根据专业培养目标分别构建以人才培养目标为核心、素质和能力培养为宗旨的实践教学体系，明确各专业实践教学所应达到的目标，将任务分解到各教学环节。

第二，根据各专业培养目标的要求，组织各专业教研室制订实践教学计划和实践教学大纲。

第三，组织各专业教研室、实验室管理员编写实践教学指导书（作业指导书），制订各专业实训环节的实施细则、实验实训室管理规章制度、实验实训操作规程等。

第四，按照实践教学大纲要求和实际条件做出各实践环节的经费预算，经分管副院长审核后申请专项经费。

第五，监督、指导各实践教学环节的具体实施情况；检查实践教学质量；组织实践教学经验交流等。

第六，根据专业培养方向，完善、建设校内实践教学基地，建立、巩固一批稳定的校外实践教学基地。

第七，根据实践教学需要，建立一批稳定的具有合理的学历、职称及年龄结构的实践教学教师队伍，保障实践教学的正常进行。

六、建立实践教学管理组织结构应坚持的原则

（一）战略目标原则

组织结构的设计和行政机构的设置必须有利于学校工作目标的实现和发展战略的完成。高职院校作为高职教育的实施机构，其主要任务是贯彻落实国家的教育方针，培养德智体全面发展的高技能应用型专门人才。围绕这个总体目标，又可以分解出党政领导、教学管理、学生管理、经费保障、后勤

服务等分目标，因而必须设置诸如党校办、教务处、学工处、财务处、后勤管理处（后勤集团）等管理部门，规定他们在学校总的目标实现中应该承担的职能和完成的任务，形成一个有机整体，为学校目标的实现奠定组织基础。需要强调的是，高职院校由于培养目标的规定，使其与其他普通高校比较，更加强调学生培养方式上的校企合作，以及教学内容上的强化操作技能和动手能力。为突出高职办学特色，许多高职院校都设立了类似"校企合作办公室""实训教学管理办公室"等组织机构。

（二）有效性原则

有效性原则要求高职院校所建立的组织机构必须有良好的效率。行政管理组织的有效性具体表现为各行政机构有明确的职责范围，机构内部人员有明确的岗位职责，设计科学合理的办事流程，能节约人力和时间，有利于发挥教职工的聪明才智和工作积极性，能够以小的支出成本，实现学校的工作目标。有效性的关键是使校内每个部门和每个教职工的工作目标，都能和学校的总目标一致。

（三）分工协作原则

高职院校作为一个现代教育机构，其内部管理所涉专业纷繁复杂，工作千头万绪，既相对独立，又相互联系。要实现学校的工作目标，在管理机构设置方面，应贯彻分工协作的原则。分工就是按照提高管理专业化程度和提高工作效率的要求，把学校总体的工作目标，分解成各个部门乃至各个工作人员的目标工作任务，使学校各个部门和每个教职工都了解在实现学校工作目标过程中自己所担负的职责和拥有的职权。但是，学校某一项具体工作，特别是一些重大项目的完成，往往需要几名工作人员、甚至几个职能部门合作才能完成，此时就必须强调协作，协作包括部门与部门之间的协作以及各部门内部的协作。

（四）责权一致原则

责权一致是指职责和职权保持一致。职责是指在学校某一部门或职工个人在某一岗位、担任某一职务应该承担的责任。一个学校，只有建立明确的责任分工，形成各负其责的责任体系，才能使全校上下左右得以有机沟通协调，从而保证学校的正常运转和工作目标的顺利完成。而职权是部门或职工在其职责范围内为完成其责任必须具有的权利，具体表现为决定权、指派权和审查权等。这些权利应该与部门或个人所负的责任相适应，对各个层级的机构或个人明确责任的同时，也要赋予其相应的权利，但是权力必须限制在责任范围内，既不能过大也不能过小，如果职责和职权不对等，就会影响管理部门和管理人员的责任心，降低工作效率。

（五）稳定与调整相结合的原则

由于学校工作发展战略具有连续性，学校具体工作也具有连贯性，为保证学校工作的正常开展及教学工作秩序的稳定，学校行政机构设置不宜频繁调整，要保持一定的稳定性。但随着社会经济发展和市场环境的变化，高职院校的发展战略、工作任务和目标都会相应地发生变化，所以保持学校机构的稳定并不是一成不变，而是保持一定的灵活性，随着学校战略和目标的变化而做出相应的调整。

（六）精干高效原则

高职院校作为人才培养机构，教育教学是其中心工作，而行政管理工作应该服从服务于这个中心工作。这就要求学校行政机构应该切实做到精干、高效。精干高效，是指在保证完成学校工作目标所规定的工作任务和业务活动的前提下，力求减少管理层次，精简工作机构和人员，通过充分调动教职员工的积极性和创造性，提高工作效率和管理水平来更好地完成工作任务实现发展目标。

第三节　高职教育实践教学的时代内涵

一、高职实践教学的基本形式和特点

高职院校的实践教学十分重要，高职教学的所有环节都蕴含着实践教学的成分，其具体体现的形式多种多样。

（一）课堂教学训练

课堂教学训练包括现场教学、案例分析、辩论会、模拟短剧表演、写作与翻译练习等形式。通过多种形式的课堂训练，培养学生对知识的运用能力和促进人文素质的提高。

（二）实验教学

实验一般是指学生在教师指导下，利用一定的设备、仪器和材料，在一定的条件控制下，引起实验现象或过程的变化，从观察、测定和分析这些变化而获得直接知识和实验技能，进而促使理论与实践相结合的一种实践教学形式。实验可分为示范性实验、操作性实验、综合性实验、设计性实验和验证性实验。

（三）校内实训

实训是为了熟练掌握某种技术或技能而在真实或仿真的环境中进行反复训练的活动，其目的是使学生熟练掌握该项职业技术技能，并培养学生的职业素质。实训在实践教学中占有很大比重，是实践教学的主要形式，主要包括基本职业技能训练、专业项目设计、毕业设计等环节。

（四）校外实习

校外实习在高职教育实践教学中占有一定的比例，主要包括教学实习、生产实习和毕业实习。通过校外实习，学生对企事业单位的现代化设备、生产技术与科学管理等有了必要的了解和掌握，才能把理论与实践有机结合起来，为缩短从学校到社会的适应期打下良好基础。

（五）社会实践能力训练

社会实践能力训练一般分为社会实践活动与社会调查活动。社会实践是学生利用自己所掌握的知识和技能，到生产服务性单位参加实践活动，了解社会，增长知识与才干，培养吃苦耐劳的精神。社会调查是学生到自己家乡或某地区的企事业单位对人才需求情况、经济发展、人民生活水平、文化教育状况等进行调查，开阔眼界，扩大教育面，调动学生投身社会的积极性、强化对学生综合素质的培养。

（六）设计与创新能力训练

设计与创新能力训练主要是指通过课程设计、毕业设计、第二课堂活动，训练学生利用所学知识解决实际问题的能力，培养学生运用多学科的知识与技能以及分析与解决实际工程技术难题的能力，使学生得到较全面的创新能力的培养和实践锻炼。

从上述基本形式分析可以看出，高职教育实践教学体系既有一般实践教学体系的共性，是高职教育实践教学的重要组成部分。与此同时，高职实践教学体系又具有独有的特征，其特征主要表现在：整体筹划、持续推进、适应地域、多方结合、层次设计各方面。

二、实践教学体系的构成要素

（一）实践教学目标体系

实践教学目标是实践教学应达到的标准。各专业根据人才培养目标和培养规格的要求、结合专业特点制订的本专业各个具体实践教学环节教学目标的集合体，就此构成实践教学目标体系。在整个实践教学体系中，目标体系是核心，它既在一定程度上决定着实践教学内容体系、实践教学管理体系和实践教学条件体系的结构，同时它的功能水平又取决于这些体系的功能水平，在整个体系中起驱动作用。

（二）实践教学内容体系

实践教学内容是指各个实践教学环节（实验、实习、实训、课程设计、毕业设计、科研训练、社会实践等）通过合理配置呈现的具体教学内容，它是外在的，是实践教学目标体系的具体体现。把实践教学内容贯穿于"三课堂"之中，形成"三课堂"联动的实践教学内容体系。"三课堂"主要包括：第一课堂除实验、实训外，还包括课程设计、课程论文、专业综合能力实践（含毕业论文、毕业设计）等实践性教学环节；第二课堂包括学生社团、创业俱乐部、各类培训、考证考级、自主实践、学科竞赛与科技活动等；第三课堂包括社会实践、顶岗实习、校企合作教育等。

（三）实践教学管理体系

实践教学管理体系是管理机构和人员、管理的规章制度、管理手段和评价指标体系。它在整个体系中进行信息反馈和调控，起控制作用。实践教学管理体系包括管理机构、实践教学基地和人员等的硬件管理和校内外实践教学管理的规章制度、管理手段和评价指标体系等的软件管理。实践教学管理体系主要包括实践教学组织管理、运行管理、制度管理和评价管理四个方面。

（四）实践教学保障体系

实践教学保障体系是指由专兼职教师、技术设备、设施和学习环境组成的支撑保障体系。它对实践教学起着支撑、保障作用。支撑保障体系的建设已成为影响实践教学效果的重要因素，其表现状况几乎决定着实践教学的成败。"三条件"实践教学支撑保障体系主要包括师资、设备和环境三个条件，即熟悉生产、建设、管理、服务第一线的情况，掌握过硬技术的"双师型"教师，较完备、先进的技术设备、设施和仿真的职业环境以及良好的学习环境要求。

三、实践教学体系建设的整体思路

（一）指导思想

高职院校开展实践教学体系建设应坚持的指导思想是：始终以综合能力、素质培养为主线，坚持"以人为本，技能优先"的实践教学目标，遵循"知识、能力、素质教育"统一规律，全方位、多视点地构建规范、完善、相对独立的实践教学体系。

（二）建设目标

实践教学体系的建设目标是以符合高素质、高技能人才培养为目标需求，利用现代化教学手段的实践教学管理指导模式，具有鲜明的高职教育特色，不脱离于理论教学基础的、相对独立的实践教学体系。

（三）建设原则

实践教学体系建设必须按照一定的要求来进行，做到有规有矩，不能随意为之。一般应遵守应用化、现代化、综合化、开放化等原则。

（四）实施要求

在实施实践教学体系过程中，应强调"五入"：理论教学入实验室，实践教学入课堂，技能训练集中入校内外实训（实习）基地，教师入实验、实训、实习场所，证书与统考入教学计划。

（五）实施步骤

从实践教学管理角度来看，其实施步骤的先后顺序为：建立目标和标准 - 理顺机制、理清职能和权限 - 从实验教学规范起步，重点抓实训、实习教学

环节 - 组建一支专兼结合、独立的实践教学队伍 - 创建专业实训基地，权限下放与管理跟进 - 开展对内培训，组织开展技能竞赛等活动 - 组织技能鉴定与会考 - 总结经验，确定实践教学运行机制 - 全面运行实践教学体系，并不断完善。

第五章　高职校内实训基地的
建设与管理

第一节　高职校内实训基地的分类与建设模式

一、高职院校实训基地建设的基本设想

（一）实训基地的特点

1. 内涵专业化

校内实践教学任务包括实训、实验和综合训练三大类，主要依托实训基地得以落实。实训基地必须做到项目专业化，才能有效满足实践教学的需要。在建设场所上，指全校所有实训室、多媒体教室、语音室等场所和实训教学、校园网络、电教技术等设备设施的建设；在建设规格上，应符合专业教学的实际需要，要保证场地面积、设备数量、设施性能、项目设置等方面达到必要的专业标准，切忌随意化、简单化；在训练流程上，它应该具备完成特定的任务而所需的流程，使基地能够提供专业化的职业技能训练。这是每一个实训基地的主要功能，最好使流程接近生产第一线的状态；在内容安排上，力求具有综合性，使学生通过实训不仅掌握本专业的核心技术和技能，而且熟悉和了解与本专业相关的技术和技能，得到基本能力、基本技能和职业综合素质的全面培训。

2. 资源经济性

这是指在实训基地建设中能够做到与时俱进，优化配置资源，注重经济性。通过重构、重用、扩充等方式，力求使成本最小化、功能最大化。一般而言，应当充分挖掘、整合校内资源，力求综合利用校园人员、场地和设备，如将教室与实训室合二为一共用，创建"实训教室"等；可在适当自行购买设备的前提下，采取专门租赁、寻找资助、争取捐赠、校际合作等渠道，使

实训基地在设备设施上的经济性有更合理的体现；可本着自力更生、简单易行、不求高档、满足需要的原则，自行建造一部分实训、实验场所。

3. 过程模拟性

不管实训教学的项目如何，其内容、过程要求都具有一定应用性或仿真性。学生在参与实训教学过程时不仅得到了专业技能的训练，而且还经受了十分必要的模拟体验，加深了学生对专业岗位状态的认识与理解，极大地弥补了课堂教学的不足。因为这能让学生在特定背景下身临其境地去思考问题，提出解决问题的可行性思路和方法，能尽可能地缩短学习和现实之间的距离。

4. 产品能动性

实训基地的主要产品是经过系统培训后掌握了一定职业技能的人。其能动性表现在人才培养目标定位上，即面向不同的职业岗位群可以培养德、智、体全面发展的，具有一定的知识结构和技能结构、良好的职业素质和职业发展能力、适应工作转移和岗位转换的复合应用型人才。这不仅重视对学生进行特定专业的职业技能培养，更重视学生快速应变的社会生存能力和不断进取的职业发展能力的培养，使学生可以做到可持续发展。

5. 技术现代性

高职院校实训教学要努力适应各专业领域的新技术应用，具有一定的超前性。要不断追踪生产第一线科学技术的发展趋势，及时更新实践教学内容，使实训教学紧跟行业发展的步伐，力求接近甚至超越生产第一线的现实状况，真正使学生学有所成、学有所用，促进推荐就业。

6. 师资技能性

在实训基地指导学生训练的教师不同于从事理论教学的教师，他们既要有理论教学水平，又要有一定的技能实践经验，即必须具备"双师素质"，努力向"双师型"教师发展。这就对承担实训教学的教师提出了较高的要求，突出表现在专业技能上。具体而言，教师必须经历过一定的专业实践训练，掌握较强的实际操作技能，才有资格、有能力指导学生进行技能训练。否则，就无法履行实训教学的指导任务。

7. 服务开放性

实训基地在环境和总体设计上要具有社会开放性，不仅可以为校内学生提供实践教学、职业资格培训及考核的基地，而且还能承担各级各类职业技

能的培训任务，为社会提供多方位服务，成为对外交流的窗口和对外服务的
基地。

8.训练标准性

在实训基地开展的训练项目要力求达到标准化，主要指在技能训练的内
容、方式、流程以及考核要求等方面必须向国家职业标准看齐，尽可能地与
国家职业技能证书制度高度结合起来，使学生每接受一项训练都能具有职业
的通用性和标准化，有利于专业技能的提高，有利于职业技能证书的考取，
有利于今后顺利上岗就业。

9.功能综合性

实训基地建设不是单一的内容，既不是单纯的实验室建设，也不仅仅是
几个实习场所的罗列，而是具有多种功能，能满足各方面需要的综合性建设。
要充分利用有限资源，最大限度地节约资金，尽可能使所建设的实训基地适
用性强，能进行多学科的综合实训，相关专业尽可能通用，资源共享。实训
基地的功能应是多方面的，既要满足学生基本职业技能训练的要求，又要满
足综合技能训练的要求；既要锻炼学生的实践能力，又要培养学生的职业道
德；既要满足实践教学的需要，又要满足一定的科研创新的需要。

（二）实训基地的主要功能

1.开展实训教学

开展实训教学是实训基地的主要功能。实训教学的内容主要有：对应专
业基础课程的一般技能训练，对应专业课程的专业技能训练，对应课程设计
与毕业设计的综合技能训练，还有对应素质教育的工业化训练以及对应工种
技能考核的专门化训练。

2.职业素质训导

职业素质训导是实训基地教学工作的重要一环，但它又独立于教学工作，
有其独特的含义，其实质是将职业道德教育融入实践教学过程中，使学生在
实训中能够受到现代工业精神的熏陶和严格的职业素质的养成教育，进而得
到职业创造性训练、职业灵活性训练、职业自信心培养、职业精神培养。在
实践教学全过程中，要有意识、有目的地进行以下职业观念的教育与培养：
安全生产观念、工艺规程观念、产品质量观念、高效低耗观念、吃苦耐劳观念、
团结协作观念、开拓创新观念和劳动纪律观念的教育与培养。

3. 开展职业技能培训、技能鉴定和职业资格认证

开展职业技能培训、技能鉴定和职业资格认证是实训基地应该承担的另一项重要任务。具体来说：第一要加强实践教学内容的改革，使学生的职业技能训练与国家资格证书认证全面接轨，对学生进行技能强化培训，使学生达到"双证书"的评估指标要求；第二要充分利用实训基地的教学资源、人才和技术优势，与劳动部门及有关行业协会积极合作，开发新的职业资格和技能等级标准证书；第三要加大职业技能培训力度。在实训基地建设过程中，应该使这一功能得到充分发挥，力求面向社会积极开展职业技能培训，使之能够成为本地区职业技能培训和职业技能鉴定的中心。

4. 研究开发及推广应用新技术

实训基地应紧密结合地方经济建设和社会发展的要求，面向社区及社会开展应用技术研究、科技成果推广、生产技术服务、科技咨询、科技开发等工作，积极推动社会生产发展和地方经济建设，提高学校的社会效益与经济效益。这就要求高职院校应增强科研意识，明确科研工作地位，确定主攻科研项目，把应用技术研究和新技术推广作为实训基地的一项重要任务来抓。

5. 开展生产与社会服务

利用实训基地先进的装备与技术人力为生产第一线和社会服务，是高职院校回报社会的一种重要方式，同时又是增强实训基地实力的主要手段，对实践基地的稳步发展具有重要意义。实训基地能承担的生产与社会服务的范围和内容非常广泛，大体有人员培训、产品加工、产品检测、承接工程、生产产品、创业支援等内容。

（三）实训基地建设的依据

1. 评估标准

教育部编发的《高职高专院校人才培养工作水平评估》中对实践教学条件的合格标准有明确规定：各专业都必须具有必需的实验实训条件，多数专业都建立了稳定的校外实训基地，职业技能鉴定建有培训点。这一要求必须无条件地达到。

2. 现实标准

实训基地建设还要立足各个院校的实际情况，量力而行，坚持"必需、够用、实效"的原则，保证各专业实训教学都具有基本的场地、设施，使其能够较好地执行、落实实践教学计划。

3. 市场标准

这是指实训基地建设的方向性、时效性方面应紧跟市场、行业变化，同时选取先进、通用、务实的项目进行建设，使建设的步伐做到与时俱进，适应现实需求。要极力避免出现严重滞后于市场现状的基地建设现象。

4. 专业标准

每一个基地都是以专业为根据，为培养专业人才而建设的。不同的专业有不同的建设要求，因而在实际基地建设的过程中，有必要在搞好调研的基础上，对基地建设进行认真规划，既要考虑全面，又要突出重点，建设高质量、高效率的实训基地。

（四）实训基地建设的教学要素

实训基地是围绕着专业技能培养及素质训练而创建的，为此要重点把握好以下六个方面的教学要素。

1. 教学目标

现代高职教育是一种以职业素质、能力培养为重点的教育，由原来仅对人才基本技能的能力培养转向了以全面素质和综合职业能力培养。评估指标体系中明确提出教学目标就是培养学生具有思想道德素质、职业业务素质、文化知识素质、身体心理素质，使学生具有收集并处理信息能力、自学能力、语言文字能力、团结协作能力、社会活动能力和创新能力。

2. 教学方案

实训教学方案的制定依据应该符合以下三方面的内容：在企业指导下制订的教学计划；政府或有关的行业标准；国家技能鉴定机构的培训方案。教学方案由实训教学基本文件与实训教学资料构成。实训教学基本文件包括教学计划、实训教学大纲、实训教材、实训项目指导书等，由教学系部负责管理；实训教学资料包括专业实践教学计划、实践教学任务书、学生实训（验）报告、实践成绩登记表、调课申请单、调课通知单、校内专业实践教学安排申报表、实践教案检查记录、学生评教表、学生座谈会记录、课堂教学听课表、教师学期工作情况录、实践教学效果分析表、教学事故处理通知单、实践课表、实践课记录、技能考试试题（试卷）、实践教学研究论文等，由专业教研室负责管理。

3. 教材建设

实训教学要求教材应及时反映科学技术与行业的发展进步的现状，符合企业对人才的现实需要。尽管每项训练的基本内容变化不大，但不能是固定的范本，应实行"活页教材"。一方面要注重生动实例的操作练习；另一方面要及时更新观念和技术，并随时将新的技术和知识补充到教学中来。

4. 教学模式

实训是高职实践教学的主要方式，但实训教学不同于课堂理论教学，并不意味着单纯的技术练习，主要体现为"以学生为中心"的体验式学习过程，应当有相应的教学模式。

5. 教学队伍

实训教学对需要的教师要求比较高，一般可从以下四个方面来考虑：一是"双师型"教师，既具备理论教学能力又具备技能培养能力；二是"双师素质"教师，既具有讲师以上职称，又有必要的生产实践经验；三是"双系列"教师，即教师整体中部分是属于教师系列的，部分是属于工程实践系列的；四是"双元型"教师，指在师资队伍中以专职教师为主，以兼职教师为辅。

6. 教学评估

对实训教学的过程评估十分重要，必须建立一套相应的考核体系。对实训教学效果的有效评估也是不可忽视的，其主要实现形式应该是体现在不同级别的的职业技能资格证书，应努力做到实训与考证的融合。

二、高职院校实训基地建设的实施要求

（一）实训基地建设的主要环节

1. 要有总体的规划

实训基地的总体规划非常重要，应在充分调研的基础上进行，每个实训室建设都必须有详细的规划，而且必须经由专业指导委员会论证，专业指导委员会应由该专门领域的高级工程师、专家、教授组成。

2. 要有专门的立项

一般在每年年底之前，各教学单位要组织新年度实训场室建设立项，提交学年实训场室建设立项报告。主要内容包括项目名称、用途用法、场室要求（如面积、工位、供电、网络等）、主要装备、经费预算和建设时间等，并

制定实训项目流程图，明确每个实训基地的内容构成。经过审批程序，批准立项的建设项目就可以列入学院学年预算计划。

3. 要有优化的方案

建设实训基地应在充分调研的基础上，做出几套不同的建设方案，进而充分论证，选取出一套最佳方案实施，择优而用、科学分类、合理布局。实训中心要结合学院场地、设备条件，组织实训教学专家，会同教务处、设备处、基建部门协商，提出改进建议，确定最终实训场室建设实施方案。

4. 要有必要的准备

一是要确保资金及时到位，保证专款专用；二是设备采购要招标，既达到应用要求又能节约资金；三是场地要合适，力求安全性好，利于防尘、排污；四是要选好管理人才，把基地管理好；五是基地建设要制订切实可行的实践教学计划，编写高职高专教育特色鲜明的实践教学教材以及实训指导书等；六是要构思创新型实训项目，提高实训的科技含量。

5. 要有明确的标准

一是各实训室建设要有明确的要求，包括主要功能、设置项目、场地大小、设备状况等内容，力争达到同类院校的建设水平；二是依靠行业共同确定专业的核心能力要求，制定各项技能特别是核心能力的考核标准，严格考核制度，确保实践教学质量；三是对实训教师应有资格要求，每一个专业都有相应的规定，选拔具有更高实践能力的教师承担实训任务，有效保证实训教学任务的完成。

6. 要有可靠的实施

基地建设能否有效地落实在于能否具体、扎实地实施，要求每一个实训室的创建都应按建设流程与要求组织实施，努力做到执行规划、符合标准、保证质量、按期完成。在此过程中必须注意三个重点：把核心能力实训项目放在首位，有专门的实训计划；实训所需的关键设备要及时到位，有必要的硬件设施；把每个实训场地空间布局规划好，有固定的专用场所。

7. 要有严格的验收

对每个实训室的建设应在完成阶段进行验收，以检验其条件、功能是否达到规划要求。可着重在三个方面进行验收：一是检查场地设施状况是否符合要求；二是检查实训室各个项目可否正常操作；三是察看实训室配套的实训文件及管理制度是否齐全。

（二）实训基地建设的基本原则

1. 职业性原则

实训基地应努力营造现代生产、建设、服务、管理第一线真实的或仿真的职业环境，从设备、厂房建筑、工艺流程、管理水准、人员配置和要求、标准化，以及质量与安全等方面模拟或接近职业环境，注意形成自身的"企业文化"氛围，重视职业素质训导，强化学生的安全、质量意识，借鉴现代企业的管理运作模式来运作。

2. 技术性原则

高等职业技术教育的首要任务是培养高等应用技术型人才，而应用技术型人才培养最突出的特点就是重视实践教学，突出能力培养。实训基地的建设则是人才培养的关键。这就要求实训基地既要跟上企业技术水平的发展步伐，又要体现出技术起点高、技术含量大、技术先进的特色，使学生在实训过程中学到和掌握本专业领域先进的技术和工艺。

3. 共享性原则

共享性指的是各种实训场地、仪器设备、软件、师资、人员以及各种管理与服务平台等资源要素，都要考虑到各专业能够相互共享，这是基于合理使用有限的资金及提高投资效益等原因提出来的。从整合资源、综合利用的角度出发，实训室在布局上要尽量按照产业群或技术应用大类集中布局和建设，在满足实训基本需求的前提下，不强调与校内所设专业一一对应，这样可避免设备的分散、重复购置，做到资源共享，提高投资效益。在功能上，要求基地具有教学、科研、开发、生产和培训等多种功能。要实施有效、有序的共享，必须建立良好的管理机制，要能协调不同部门为不同的目的、在各种时段使用实训室的各种资源。

4. 开放性原则

开放性原则是指实训基地的建设从空间到时间都要向学生、社会全面开放，而不能成为学校甚至某个系部、专业的专用场所。主要体现在：一是基地要面向学生开放，它既能让学生在校学习期间就接触本行业的新技术、新技能，又能让学生在这个"学习工厂"自主学习，完成实训项目，实现实训教学方式的"开放性"；二是实训基地要面向教师开放，为教师开展科研工作和科技开发提供条件；三是校内实训基地争取向社会开放，大力开展产、学、研合作，为社会提供应有的技能培训服务；四是在时间上力求实行全天候开放。

5. 专业性原则

由于实训室的主要作用不是验证理论，而是模拟生产实际的技能训练，要使学生通过有效的实训能够掌握某种实用的技术，毕业以后可以直接顶岗，而无须另外培训。若想达到这样的训练要求，在采用的设备、训练的内容等方面就应当贴近生产、贴近技术和贴近工艺。贴近生产是从生产实际出发，对学生进行"真刀真枪"的训练；贴近技术是从技术教育出发，在实践教学中注重技术的应用、技术的先进程度、学生实际操作的熟练程度；贴近工艺是从科学、合理、规范的要求出发，在实践教学中注重标准化意识与质量意识。

6. 真实性原则

各教学系部和实训场共同努力创造条件，为学生提供真实的职业环境。尽可能地贴近生产、技术、管理、服务第一线，努力体现真实的职业环境，让学生在一个真实的职业环境下按照未来的专业岗位（群）对基本技术技能的要求，得到实际操作训练和综合素质的培养。实训基地在环境布置、设备配置、文化氛围、管理模式等方面应充分体现规范性、先进性和实效性，营造"全程工序式""岗位见习式"等职业真实的环境氛围，构造真实职业角色的训练模式。

7. 工学性原则

一方面要同社会各界广泛联系，搞好协作，发挥校内实训资源的功能，通过精心构想、计划、组织、实施，做到内部挖掘潜能，开展高职实训基地建设，力求用较少的投入得到较多的回报；另一方面要与企业紧密联系，大力推行工学结合、校企合作的培养模式，有效开发和利用企业的教育资源。由此，实训基地建设要因地制宜，想办法引入社会、企业教育资源弥补学校教学资源的不足。

8. 创新性原则

高职院校要积极主动，自主创新，引入专业"导师制度"、引入"职业技能证书"制度、引入"学习创新制度"。在创建实训基地时应创立"创新实验室"，也可创建"专业应用研究所"，让学生参与相关科研课题，为学生创新活动的开展提供载体和场所。通过创新型实训项目，有助于强化技能训练，有利于学生手脑并用，均衡发展。

9. 安全性原则

这是一个基本性原则，往往容易被忽略。在实训基地整体设计与具体实施中，必须把安全性作为不可或缺的选项。场地条件、设施状况、安装质量等环节若安全指标不过关，是绝对不允许投入使用的。特别是在基建工程、设备操作、用电保护等方面，应重点落实。

三、高职院校实训基地的运行机制

校内实训基地必须发挥其应有的功能，要根据所设置的项目开展专门的训练活动，以求达到预期的实训效果。因此，实训基地必须建立起自我运作、自我建设、自我发展的运行机制，真正使实训基地发挥应有的作用。高职院校实训基地的运行机制主要有以下几种：

（一）责任机制

实训基地的教学活动是通过分工完成的，有部门方面的，如教务处、实训中心、系部等；有个人方面的，如专业带头人、实训教学人员、任课教师等。不论哪一方面，都必须建立责任制，各负其责，全面实施。按照专业人才培养要求，实训项目的责任一般包括以下方面：分析岗位能力，确定实践教学目标；划分能力模块，设计实训项目；制定实训项目的教学文件，包括实训项目书、实训项目报告、实训项目卡等；明确实训项目教学要求，如对设备的要求、对环境的要求、对教学方法的要求、对教学效果的要求等；组织实施实训项目的落实，加强执行过程的管理；完善实训项目考核标准和方法，定期进行过程考核和综合能力测评。

（二）目标机制

实训目标是指受训者在通过完成每一个实训项目的实训教学活动后应达到的水平或标准。实训目标是可以具体细化的，从而构成不同类别的目标体系。同时，针对每一个实训具体目标，要有与之相对应的落实方案及措施，以及与之相对应的考核评价体系。

（三）合作机制

在通过合作方式建设的基地组织运行时，应当确保互利互惠、互动互进的合作原则得到充分体现，形成良好的利益机制。要通过合作协议或其他方式将合作的目的、意义、内容、方法，合作双方的责任、权利、义务以法律的方式予以明确，合作协议是对校企双方具有约束力的文件，是建立长期、稳定、高效的校外实训基地的法律基础，要随时检讨合作意向书的执行情况。但仅靠一纸协议书是不能从根本上解决问题的，还应当建立校企双方经常沟通的渠道，要定期召开加强校企双方联系的会议。在基地建设中，学校永远是主动的一方，学校要确立良好的服务意识，要有主动服务的意识与精神，也要站在企业一方来考虑企业的困难、需求与利益，要主动解决学校力所能及、企业又急需解决的问题，主动为企业提供服务。

（四）激励机制

任何工作中人始终是第一要素。要保证基地正常运转，既要调动领导的积极性，也要调动教师和学生的积极性。要定期对参与基地工作的教师的工作表现做出符合事实的评价，并根据考核及评价的结果，对成绩显著的基地和有突出贡献的员工与教师进行表彰。因此，有必要建立符合实际的激励制度，调动一切积极因素。

（五）约束机制

要建立起科学严密的管理制度，做到管理有规范；要建立评估机制，从各个方面对实训基地进行评估。目前，我国还没有统一的校外实训基地评估制度，不过，实训基地自身应对教学计划的执行、监督、评价，对教师的配备、进修、考核，对学生的管理等方面进行评价与指导。

四、校内实训基地的建设模式

面对社会的竞争，校内实训基地必须打造并形成自己的基地品牌。纵观西方近百年的职业教育，无论是德国的"双元制"，还是美国的"合作教育"都把工学结合作为学历教育的重要组成，毕业生之所以受欢迎，得益于他们在校时有一个很好的实验、实训场所做基础，为学生将来从业提供保障。可见，高职院校实训基地的建设，直接关系到人才培养能否适应社会需求，能否办出特色，能否培养出高素质、高技能、有创新能力的人才。

（一）政府、企业与社会、学校多方投资共建型

1.政府、企业与社会、学校多方投资共建型的内涵

政府、企业与社会、学校多方投资共建型是指一部分高职院校的校内实训基地是由政府、企业与社会、学校多方共同投资兴办的。

具体的建设项目、各方投资的比例根据不同情况由各方协商确定。

2.政府、企业与社会、学校多方投资共建型的特点

在建设主体上，属多方共建型，即学校在特定专业与多家企业或行业、政府部门同时开展合作，分别以不同的形式进行有利于人才培养的校内生产性实训基地建设。

在合作方式上，属自由合作型，即学校针对性地选择企业、行业协会或政府部门，只要双方有需求，就可以开展各种形式的合作。合作形式相对比较自由，或以学校为主进行建设，或以企业、行业为主进行建设。

在运行管理上，有共同经营型，即校企双方共同出资建设和经营生产性实训基地，基地以企业的名字冠名，如餐饮专业在校内经营餐厅等业务；有任务驱动型，指教师主动收集和获取企业的信息，把某一企业的产品设计要求拿到课堂上来，由学生根据企业的要求进行产品的设计和研发，学生完成设计作品后，由企业进行评选、认定。如服装、制鞋、家具等专业的学生设计的作品中经常会有部分创意元素被企业采用，有的设计会被企业买断并投入批量生产。

3.政府、企业与社会、学校多方投资共建型的优缺点

（1）优点

可以充分利用行业部门、企业的职能、信息、技术、资金等，开展各种技术培训和技术监测，提升实训基地的生产水平。相关利益主体根据各自需求开展合作，形式灵活，见效快，学校主动性也相对较强。

（2）缺点

合作效果人为因素大，随意性大，合作基础不牢固，管理协调复杂，需要较完善的实训基地建设、运行管理和绩效考评机制和有效的管理办法。

（二）校企合作共建型

1. 校企合作共建型的内涵

校企合作共建型是指校企双方通过多种形式在学校内共同建设面向不同专业培养学生相关技能的实训基地。这是一种比较自由的组合形式，校企双方只要有需求，就可以开展各种形式的合作，共建、共享校内实训基地。

2. 校企合作共建型的特点

投入的主体是学校和企业，属于校企一体型，即校企双方共同投资建设生产性实训基地，实行企业化运作，以企业为主组织生产和实训，学校主要负责管理和理论教学。

在运行方式上，属引企入校型，即当学校拥有先进的生产性设备，但运行成本较大，且缺乏高水平指导教师时，学校就会主动引进企业，学校主要提供场地和管理，而由企业提供相关设备、原材料和技术人员，组织学生开展生产和实训。

具体有两种形式：一种是校企共同体，即学校和企业组建校企共同体——以企业命名的二级学院，开设订单班，校企双方签订人才培养协议，企业全程参与学校的人才培养过程，学校负责理论教学，并提供场地和管理，行业企业提供设备，并选派高级技术人员到学校组织生产和实训；另一种是股份制实训基地，即学校和企业按照现代企业制度，以生产要素股份、资本股份、智力股份的构成，对校内实训基地进行股份制改造或直接建立具有实际生产经营资质的股份制企业，以增加实训基地的自我造血功能，增强滚动发展能力，保证实训基地的可持续发展。校企合作共建型模式主要适用于工科类紧缺专业人才的培养。

3. 校企合作共建型的优缺点

（1）优点

经营管理企业化，产权明晰，学校可以较少的投入就赢得企业丰富的资源，企业的资金投入、设备更新和实训指导均有保障，而且生产功能强，管理水平高，有利于提升实训基地水平。

（2）缺点

学生的生产性实训可能会因为企业的生产任务而受影响，可控性不强，管理协调比较复杂，在教学上难以兼顾"学"的需求，引进的企业会更多地考虑经济效益，而导致实习内容流于形式。

（三）政府与高职院校共同出资建设型

1. 政府与高职院校共同出资建设型的内涵

政府与高职院校共同出资建设型是指以各级政府的财政投资与高职院校自筹资金相结合建立的各级、各类校内实训基地。

中央财政的经费主要起扶持、引导和示范作用，目的是鼓励和促进地方加大实训基地建设的经费投入力度，加快基础能力建设，改善学校的办学条件，为经济社会的发展提供高质量的人力资源。

2. 中央财政投入的建设模式

中央财政专项资金支持的职业教育实训基地建设将采取以下两种模式。

第一，区域综合性实训基地（建设型大模式）。按照国家五大经济带分布，与国家西部地区大开发、振兴东北老工业基地、中部崛起等发展战略的要求相配合，通过几年的逐步投入，在职业院校相对集中的中心城市，建设若干投资额度需求较大、设备配备较全的区域综合性实训基地。这种基地应以地方政府为主去统筹规划和建设。地方政府对基地建设的日常维护运行要建立保障机制。教育部、财政部只对即将建成的或已建成的并符合标准的基地给予一定奖励、支持。

第二，专业性实训基地（建设型小模式）。选择在当地某一专业领域能起骨干示范和辐射作用的职业院校，通过一次性投资，支持建设一批以服务本校为主，又能与周边职业院校共享的专业性实训基地。

3. 地方财政投入的建设模式

政府与高职院校共同出资建设型模式，在实际建设中，以中央财政投入为主、地方财政投入与高职院校投入为辅；地方财政投入为主、中央财政收入与高职院校投入为辅；学校自筹投资为主、地方财政投入为辅等几种模式。

中央财政投入资金发挥的引导作用，能够激发地方财政以及企业、院校建设实训基地的积极性。

（四）学校投资主导型

1. 学校投资主导型的内涵

学校投资主导型是指以高职院校投资为主，以各类政府补贴及企业投入为辅的一种实训基地建设模式。这种模式大多是以学院专业师资、技术专利或校办企业为依托，通过吸引社会各方面的资金建设具有一定市场前景，能够满足学生实训要求的基地。

2. 学校投资主导型的形式

学校投资主导型模式包括学校自筹资金、社会赞助、企业捐助等形式。

（1）自筹资金型模式

自筹资金型模式是典型的学校主导型模式。由学校（师生）出资，在设备、管理等方面建立与现代企业相同生产（经营）性实训基地。

（2）社会赞助型模式

社会赞助型模式是指企业或企业家、社会知名人士在一定的条件下无偿赞助学校建立相关的实训基地。一些有远见的企业或企业家，为支持学校办学，推广和宣传本企业的产品，会无偿赞助或以半赠送的形式向学校提供该企业生产或营销的仪器、设备等，以企业投入为主建设校内生产性实训基地。不但企业通过无偿赞助的形式，树立了良好的社会形象；而且学校培养了一批熟悉该企业和该企业产品及操作性能的专门技术型人才，这些人才会成为该企业产品的义务推广者、广告甚至是忠实的用户；学校还可以为企业提供客户培训、优先推荐毕业生等。

（3）企业捐助型模式

企业捐助型模式是指一些热心慈善事业、热心教育事业或社会知名人士为支持教育事业的发展也以无偿捐助的形式帮助学校建立的实训基地。

3. 学校投资主导型的特点

生产经营和实践教学，主要由学校负责、统一安排，便于实施教学计划。这类学院具有较强的自主性和使用的便利性，其发展前景主要取决于其管理运行机制是否灵活、科学、适用。

（五）学校独资建设型

在高职院校的实训基地中，有一些实训基地是由学校独立投资建设的。

特别是在一些隶属于企业办的高职院校和部分民办高职院校中，这种情况较多。

受资金影响，学校独资建设的实训基地通常以模拟仿真实训基地为主，以生产性实训基地为辅，建设规模一般不大。

第二节　高职校内实训基地的建设管理

一、校内实训基地建设的前期管理

校内实训基地建设的前期管理主要是指编制实训基地的建设方案。在编制实训基地的建设方案时，需经过校内实训基地建设的分析论证、初步设计、制订方案等方面。

（一）校内实训基地建设方案编制思路

1. 基于职教课程方案

实训基地建设方案的开发，要充分建立在对相关课程理论与课程方案的理解的基础上；要依据特定的课程方案来确定实训基地的功能与装备标准。

2. 基于工作体系

以个体职业准备为目标、突出工作岗位需求来培养学习者的各种综合能力，而这些能力的培养必须以具体的行动导向、职业领域、实际情境为基础，突出实践性教学。

强化实践性教学，则必须建设加强职业教育各种实训基地的建设，实训基地建设方案的开发则必须以职业岗位的工作任务为技术手段。

3. 遵循学习规律

基于学习理论，强调知识的建构性、社会性、情境性、复杂性和默会性，强调鼓励知识创新，以培养知识创新人才。

（二）校内实训基地建设方案编制原则

在校内实训基地建设项目方案的拟定中，应坚持以下原则。

1. 实用原则

校内实训基地必须实用，必须紧贴地方经济发展重点，体现职业能力和技能培养的特点，为各专业学生的培养目标服务，避免追求场地配套上的华而不实，最大限度地去用好有限的资源、经费。

2. 综合原则

实训基地的建设要按专业大类、专业能力和技能的培养为主线，形成系列，适用性要强，能进行多学科的综合实训，相关专业尽可能通用，以发挥综合利用的优势。如在建设商务实训中心时，就将法律文秘类和语言类专业的情景实训室有机结合进去。

3. 先进原则

紧跟时代发展前沿的综合性职业技能训练项目，体现新技术、新工艺，瞄准实际应用型人才缺乏的高技术含量和新技术行业的职业岗位，在技术要求上具有专业领域的先进性，适当考虑其超前性，使学生在实训过程中学到和掌握本专业领域先进的技术路线、工艺路线和技术实际应用的本领。设备先进、技术先进、思路先进，先进不等于花大价钱买高大精尖的设备。

4. 体现真实职业环境原则

尽可能贴近生产、建设、管理和服务一线，努力体现真实的职业环境，让学生在一个接近真实的职业环境下按照未来专业岗位群对基本技能的要求，得到实际操作训练和综合素质的培养。

5. 可持续原则

对资金投入量大、需分步实施、跨年度的实训基地建设项目，应先整体规划，后逐步到位，既满足当前的教学需要，又为以后专业发展和技术升级留有一定的空间，要把可持续发展的思想贯彻到校内实训基地的建设中。

6. 开放原则

在环境和总体设计上要有社会开放性，不仅可以为校内学生提供职业技能实训，而且能承担各级、各类社会职业技能的培训任务，为地方经济发展提供多方位服务，成为对外交流的窗口和对外服务的基地。

（三）校内实训基地建设方案编制路径

1. 分析论证

分析论证是进行实训基地建设的可行性研究。可行性研究是确定建设项目前具有决定性意义的工作，是在投资决策之前，对拟建项目进行全面技术经济分析论证的科学方法。在投资管理中，可行性研究是指对拟建项目有关的自然、社会、经济、技术等进行调研、分析比较以及预测建成后的社会经济效益。在此基础上，综合论证项目建设的必要性，财务的营利性，经济上的合理性，技术上的先进性和适应性以及建设条件的可能性和可行性，从而为投资决策提供相关科学依据。

这里的可行性研究主要为了弄清实训基地建设的必要性和可能性。

2. 初步设计

初步设计是在分析论证的基础上，根据院校的实际情况确定相应的设计观念、设计目标，根据教育基本原理和专业特点确定拟建实训基地的设计方案。进行初步设计时，要充分展现实训的职业环境、工作和生产经营流程与企业文化；所用设备和技术在相应领域内具有一定的超前性、前瞻性，并充分体现国家化原则，体现职业与职业教育的发展趋势。

3. 制订方案

制订方案是指编制拟建实训基地的建设方案，包括建设方案设计图、资金投资预算、建设进度、保障措施和预期效果等。建设方案制订后，即可进行招标程序。

二、校内实训基地的建设管理

校内实训室的建设是一个刻不容缓的事情，因为单纯依靠校外实训是不能满足高职教育对于实践比例的要求的。硬件和软件的配备固然重要，但是如何有效利用这些资源，如何在有限的时间内提高其利用率，发挥其价值，如何有效避免校内实训室只是流于形式，如何真正切实地锻炼学生的动手能力，这些问题无疑是摆在各大高职院校面前的共同难题。其中涉及规划、管理、制度等一系列问题，应在建设之初就明确实训的任务和目的。以下从几个方面简单阐述校内实训室建设需要考虑的问题。

（一）校内实训基地建设原则

按照"科学规划、统筹安排、突出重点、合作共建、资源共享、分步实施"的基本原则进行建设。在建设过程中，应坚持以下原则。

1. 导向性原则

实训基地建设要发挥导向作用，要考虑把优质教育资源与行业企业生产有效结合起来，以项目建设的形式完善学院重点专业实训基地建设，通过真实或仿真的职业环境，按照与职业岗位群对接的要求，开展各种职业技能和职业素质训练。做到先进性、真实（仿真）性、实用性、开放性、生产性相结合。

2. 共享性原则

实训基地建设目标定位要准确，要综合利用现有资源，最大限度地去实现资源共享、辐射周边，充分体现开放性及社会服务功能，使之成为技能型紧缺人才的培养训练基地、农村劳动力转移培训的课堂、校企合作的载体、产学结合的平台。

3. 效益性原则

实训基地建设应与学院人才培养规模和市场对技能型专门人才需求状况相匹配，要注重社会效益和经济效益的统一。要创新管理理念，注重开辟新思路、实行新机制、采用新模式，提高实训基地的投资效益，走自主发展、自我完善、自我管理的道路。

4. 持续性原则

实训基地要通过多种途径，提高软、硬件建设水平，增强实践教学和社会服务能力。特别是重点特色专业实训基地，必须高度重视其持续运行能力，要坚持依靠专业办产业、办好产业促专业的原则进行建设，在保证完成实践教学的前提下，创新实训基地管理体制和运行机制，实行专业化生产经营，企业化服务管理，形成管理、运行、发展的长效机制，使其成为集教学、培训、生产、科研为一体的多功能教育实体，确保基地的可持续发展。

5. 动态发展性原则

结合专业和师资队伍建设，学院对运行规范、效益良好、示范作用显著、发展前景广阔的实训基地重点发展，支持其进一步提高水平和扩大规模。重点建设专业性、生产性实习实训基地，力争发展为区域性基地。积极创建、申报省级、国家级示范基地，适时淘汰不适合市场需求、共享和辐射作用不显著、无可持续发展能力的基地，实现实训基地的动态发展。

（二）明确实训目标和任务

各专业在建设校内实训基地时，均需明确本专业学生应具备的核心能力，既然要投资、要建设，就要把钱花到刀刃上，所购置的软硬件一定要符合人才培养目标，在建设初期要深入企业，了解当前企业的技术水平和工人的技能要求，以使所配置的设施设备跟上时代要求。

在明确了各专业的实训目标的基础上，要合理考虑经费的投入，采取分阶段逐项投资的方法，确定实训室的面积、布局、设备型号、教学软件的种类等问题。

根据专业性质的不同，校内实训室可分为真实场景实训室和虚拟实训室两种。真实场景实训室是指所购进的设施、设备是企业真实采用进行生产的设备，可直接进行操作和生产，这种实训室更像校园工厂，但是要想建造一个成功的真实场景实训室必须要注入巨大资金，因为要考虑场地面积、设备型号、数量等多种现实问题；虚拟实训室是指运用教学软件和设备模型来满足教学要求，教学软件既可以是软件公司针对专业特色模仿企业流程的操作软件，也可以是企业真实应用的软件，而模型则是列为参观了解的实物。虚拟实训室在一些管理类的专业中应用最为广泛，如物流管理、营销策划、电子商务教学软件的应用、物流设施与设备的模型等。虚拟实训室的开发必须要依托信息技术和网络技术，要有巨大的数据库的支持。

（三）明确主干课程实训、专项实训和综合实训

各专业实训教学的展开，首先必须要确定专业主干课，每个专业通过对院校调研、专家咨询、毕业生岗位调查等手段来确定主干课。从分析各届毕业生的就业去向、各专业的就业岗位群着手，确定专业的培养目标，根据其相关岗位所需要的专业素质、专业能力和执业技能等要求构筑实训课程体系，展开实训教学。

设置人才培养计划时，需要对这些主干课加大课时量，在课程讲授过程中利用校内实训室对相应的技能进行实训，实现边学习边动手、边理论边实践的结合，从而在学中做，做中学，达到做学结合的目标。

实训不仅包含课程实训，其中还包括专项技能实训和综合实训。各种实训形式要分阶段、分层次，采用先易后难，从专项到综合、循序渐进的方式进行。

无论何种专业、何种形式的实训，一定要挣脱学科体制的束缚，避免学科体系中重理论轻技能的弊端，根据企业、行业岗位需求，开发各种实训项目。

（四）科学编著实训文件资料

实训教学要求其教材应及时反映科学技术与行业的发展进步，符合企业对人才的实际需要。

实训文件包括实训教学大纲、制订实训教学计划、设置实训项目、实训教材等资料。实训文件的编写要在企业有关专家的指导下科学制定，参考一些行业的技术标准。在实训基地内对实训资料和实训教师进行统一安排。

实训教学大纲对于实训的任务、目的和性质应有明确的规定，其对于整个实训任务的实现具有统筹指挥和规划作用。在实训大纲的指导下，对各个课程设置任务，利用任务驱动的方法进行项目化教学，通过每一个具体项目的实施，使学生掌握基本的操作技能，从而达到实训的目的。

所有的实训文件必须要与时俱进，不能脱离行业最新形势，必须和企业行业密切合作，随时更新。

（五）大力培养"双师型"教师

现代职业教育课程观强调一体化教学，因此双师型的教师在其中起着重要的作用。校内实训室硬件条件具备之后，还必须要有既懂理论又懂实践的教师对学生进行现场指导。

双师型素质教师的重要性毋庸置疑，为适应职业教育新形势的要求，各院校必须通过多种形式鼓励中青年教师到各大企业顶岗实习。通过至少半年的实际锻炼来提高教师的实践技能水平，在掌握了充分的理论知识的基础上又具备了实践动手能力，这样，双师素质教师在指导学生实习实训的时候就更具说服力，而具备双师素质的老师从教也会变得更加得心应手。因此，职业院校必须制订一些政策，鼓励中青年教师转型为双师教师，或者从企业引进一些能工巧匠，来提高自己的双师比例，高职院校要想更快、更稳地发展，非此不可。

此外，管理手段、体制和方法的创新也同样重要，利用率相对较高的校内实训室必须采用多媒体、信息技术，实现网络化管理。总之，校内实训基地的建设是一个巨大的工程，非一朝一夕就可以完成，必须有步骤、有计划地逐项完成，因此也必须要有脚踏实地的务实精神。

三、校内实训基地建设工程验收管理

实训基地建设项目完成或项目中某一独立环节完成且试运行一段时间后由项目立项人向学院实践教学委员会提出验收申请。

项目验收包括场地设备验收、功能验收和资料验收等。

（一）场地设备验收

场地设备验收主要从硬件上检查场地的改造、装修和设备的选择、型号、规格、数量、安装是否达到立项书和合同的要求。

（二）功能验收

功能验收主要检查是否达到项目建设目标和预期的实训项目，由项目负责人及其成员逐项或挑选演示实训项目，采取一票否决制，即只要有某一项预期实现的实训项目没有成功，功能验收就不合格。

（三）资料验收

资料验收时必须提供：验收申请；项目建设总结；项目申请书；所有合同和资金使用情况表；项目能进行的实验、实训、实习课题清单；项目能进行的实验、实训、实习课题的大纲和指导书；项目能进行的实验、实训、实习课题的实测报告。

验收合格后，将上述材料归档，项目整体移交到实训处管理。

第三节　高职校内实训基地的日常运行管理

一、校内实训基地的管理体制

（一）学校管理

学校管理模式是指实训基地的土地房产和主要设备由校方投资，按照现代企业制度的要求，实行所有权与经营权分离，即校企分开的管理体制，学校单独设立具有企业性质的实训基地管理机构，或者成立具有独立法人资格的经济实体。学校作为出资主体享有选择管理者、资产受益和做出重大决策

等主要权利，保证投资目的得以实现；学校不再直接干预基地的生产经营活动，而是积极引导其走向社会、服务大众，激励其生产的产品或提供的服务参与社会竞争，协助其挖掘潜力、增强活力、提升竞争力。

基地作为独立经济实体，拥有学校出资所形成的法人财产权，逐步发展成为独立享有民事权利、承担民事义务的法人实体和市场主体，实行自主经营、自负盈亏，对出资者承担资产保值、增值责任；基地内部形成责权分明、管理科学、激励与约束相结合的管理机制，激发职工的生产积极性，按照市场需求进行研发、生产、销售、经营及对外合作等活动，同时按照学校要求做好生产与教学科研之间的协调工作，完成学生职业技能训练任务。基地经理人员由学校聘任，享有企业法人的所有权利和义务，履行相应的职责，在用工、薪酬等方面与校内教师完全分离开来。学校采用目标责任制的考核形式，以产生经济效益和完成实训任务为依据，来考核和评价基地管理部门的实绩；根据其所提供的准确的财务报表，来考核和评价经理人员的经营业绩和管理水平。

（二）企业管理

企业管理模式是强调企业在校内生产性实训基地管理中的核心地位，校方提供生产场地，企业通常为基地的投资主体，由于其生产规模不大，加上地方中小企业所处的特定环境，所有权与经营权合一的管理体制比较多见，凭借其自身的设备、技术、营销、管理等方面的优势，在保证完成生产任务的同时，发挥学生职业技能训练的功能。企业把整条生产线或一个车间设在学校，可以节省大量资金而投入到基础设施建设，借助高等职业院校的社会影响力和知名度，极大地提高企业的品牌效应；同时利用学校的科技研发能力和特殊的优惠政策，以及优质价廉的劳动力资源，最大限度地降低生产成本，提高产品竞争力。学校与企业之间必须形成书面协议，明确双方的责任、权利和利益分配，相互约束，共创双赢。协议内容主要体现以下几个方面：①企业投入的设备在一定期限内享有使用、经营和管理的权利，到期后产权归学校所有。②学校有偿提供生产所需的水、电等必备资源，在生产、运输、仓储、销售等环节提供方便，协助企业办理相关营业许可手续。③学校每年向企业收取一定的场地使用费或管理费，用于基地建设。④企业必须明确校内基地的生产项目和产品名称，依法经营，自负盈亏。⑤企业在进行生产的同时，须保证有一定数量的工位和规定的时间，用于学生的职业技能训练。⑥安排学校的专业教师去参加生产实践，安排能够胜任生产活动的学生参加顶岗实习，并给予适当的劳务津贴。⑦其他事项，如确保安全生产、符合环保要求及违约责任等条款。

（三）校企共管

学校与企业共同管理模式是指校、企双方本着互惠互利原则，共同出资、协作管理校内生产性实训基地的一种形式。实行股份制是一种比较理想的管理体制，该模式综合了以上两种模式的优缺点，是目前校企合作管理实训基地的主要途径。校企双方通过契约形式，明确各自的权利与义务，可以设立基地管理委员会，由双方选派代表参与重大经营问题的决策。学校方面积极参与企业职工的技术培训，引导企业进行技术研发、产品更新等工作，协助企业开展科学化管理和运作，提高市场应变能力和竞争力，在提供学生职业技能训练的前提下，遵循循序渐进的原则，进行分层次教学，保证产品质量和经济效益，从而调动企业参与校企合作积极性，提高基地的生命力和可持续发展。

借鉴现代企业管理制度，建立"董事会领导下的基地长官负责制"管理体制，不失为一种行之有效的模式，其特点是：①产权独立，可以使基地脱离对学校或企业的依附，进行独立经营；②所有权与经营权分离，使经营者专心从事经营，避免发生短期行为；③管理过程更加民主、科学。

二、校内生产性实训基地运行机制

（一）学校与企业合一

校内生产性实训基地运行过程中，学校与企业不是两个并列的机构，而是体现双重功能的同一个实体。通过实训基地这个平台，学校与企业之间形成了一个相互依存、相互补充的融合体。

1. 以人才培养为基础，形成动力机制

企业单位在市场经济中的竞争往往体现为人才和技术的竞争，企业所拥有的技术人才和劳动力的数量、质量是决定其生存和发展的重要条件。企业单位通过与高职院校合作，形成长期稳定的人才培养基地，一方面有利于技术改造、产品研发；另一方面能满足企业用工需求，保证工人质量，避免出现技工荒、招工难的状况，同时节省人力资源的培训费用，产生经济效益。

高职院校所从事的是为社会培养生产、建设、管理、服务第一线技术应用型专门人才和熟练劳动者的职业教育，校内生产性实训基地通过引进先进完整的设备、产品生产、实训指导师傅、企业管理模式、职业文化氛围等软硬件设施，提升学校的办学水平，增强办学活力，使学生在产品生产中进行真枪实战，提高职业能力。

2. 以基地为中心，形成共建共管机制

校内生产性实训基地的运行必须充分调动校企双方的积极性，在制定基地建设规划之初，学校要主动邀请企业人员参与讨论，广泛征求企业专家的意见，充分体现企业方面的意愿，明确基地建设目标。对于某一个基地建设，可以由校企双方共同制订方案，共同参与方案论证，共同承担建设费用，共同分担运行成本。在基地运行过程中，成立由校企双方人员组成的独立机构，共同参与管理，例如共同制定规章制度、产品质量标准和生产流程；共同制订教学目标、教学计划和教学大纲；共同编写实训教材，共同承担训练任务等。

（二）实训与生产同步

校内生产性实训基地的运行模式突出实训与生产同步进行的特点，在实训的同时进行着生产，在生产的过程中进行着实训，二者不分先后，有效地避免了教学与实习脱节、实训与生产脱节的问题，有利于培养学生的职业技能。

1. 健全规章制度，保证基地顺利运行

根据校内生产性实训基地的特点和定位，必须要建立一整套健全规章制度，主要包括以下几个方面：一是综合类制度，如《校内生产性实训基地管理条例和细则》《校内生产性实训基地工作目标考核办法》《校内生产性实训基地工作常规》等；二是行政工作管理制度，如《会议制度》《行政值班制度》《教职工考勤制度》《采购制度》《财务管理制度》等；三是教育教学常规管理制度，如《学生学籍管理办法》《教学工作规程》《教学质量管理制度》《学生学分制实施办法》等；四是实训管理制度，如《生产性实训管理制度》《生产性实训安全文明管理制度》《生产性实训考核制度》《生产性实训教学检查制度》《校内生产性实训设备管理制度》《校内生产性实训工、量具使用管理制度》等；五是其他相关制度，如《仓库管理制度》《易耗品领用制度》等。

2.建立质量保障体系，保证基地实训教学

结合校内生产性实训基地特点与规律，应把开展目标管理与实施ISO9000系列标准有机结合起来，以ISO9000系列标准为框架和基础，全面渗透目标管理的思想，在涉及生产和实训的每一个环节，尽可能制订出切实可操作的总目标、层级目标以及子目标，把一切影响生产性实训质量的因素，全部处于受控状态。校内生产性基地质量保障体系应由基地内部质量管理、政府质量监控、行业企业质量评价三方面共同组成，其中基地内部质量管理是核心，通过建立质量管理体系，加强对生产性实训的管理，确保实训教学质量，培养高质量技能型人才；政府质量监控是导向，政府通过各类评估及对技能等级证书和职业资格证书等的审核发放，达到生产性实训基地的间接掌控。行业企业的质量评价是主要依据，因为行业企业评价完全根据真实职业岗位所需要达到的技能要求去进行严格把关，培养出的学生能够适应企业需求，说明实训教学质量达到了要求。

（三）育人与盈利双赢

企业需转变观念，由关注用人转变为关注育人，从订单培养向全程参与延伸，学校需强化市场意识，挖掘身边资源，采取多途径、多方式积极去寻求企业合作。校内生产性实训基地一方面是一个教学场所，通过科学有序地指导学生进行实训，达到培养社会所需要的技能型人才的育人目的；另一方面也是一个企业，通过生产产品盈利和培训社会员工盈利，达到创收的目的，运行的结果既使学生学到了技能，又使基地获得了经济效益，真正实现了育人与盈利共赢。

1.以学生为中心，实现全方位管理

校内生产性实训基地的最终目标就是为了更好地培养出高素质技能型人才。教学环境和训练方法的改变，最终目的是把学生培养成一个符合时代要求，受企业所欢迎的有用人才。因此基地运行过程中要注意调动学生的积极性，帮助学生树立自信，进而激发学习动机。校企双方必须坚持以学生为本的思想，从"以物为中心"转变为"以人为中心"，从"监督管理"转变为"自主管理"，从"纪律约束"转变为"措施激励"，进而培养出能够适应生产实际所需的知识、能力、素质和个性发展要求的人才。

2. 以效益为先导，体现互惠互利原则

学校与企业长期顺利合作的关键是能否真正体现双方的利益。学校要为企业提供合适的生产环境、提高企业的研发能力、减低企业的生产成本、输送合格的员工，使企业规模不断壮大起来，生产设备不断更新，生产工艺日趋先进，从而促使学校采用更加先进的教学手段和方法，不断更新教学内容，以培养出企业所需的高素质技能型人才，使学校的教学水平不断提高。同时一大批具有高素质、强能力、技术娴熟、适应快的优秀毕业生进入企业，改变了企业职工的结构，提高了企业职工的整体素质，增强了企业的市场竞争能力，也直接为企业创造了效益，实现双赢。

校内生产性实训基地的建设和运行，真正实现了教学内容与生产实际的零距离对接，让学生感受到真实的职业环境，它所形成的"教室与车间合一，作业与产品合一，教师与师傅合一，学生与学徒合一"运行模式，是职业教育技能型人才培养的新型模式。

第六章　高职教育长效运行机制建设

第一节　高职教育校企"双师"双向交流
与服务机制

一、"双师"双向交流的制度建设

　　校企共同修订完善《关于"双师"双向交流的实施意见》等文件，不断完善"责任明确、管理规范、成果共享"的"双师"双向交流机制。聘请企业工程技术人员承担实践教学任务，与学校教师共同开发实践教学课程内容，负责学生技能训练指导；专任教师到合作企业顶岗实践，提高教师实践能力；教师参与企业的技术革新、设备改造与新产品的研发，承担企业员工继续教育的培训工作。通过校企合作实现专任教师与企业技术人员对接工作，解决"双师素质"教师队伍建设问题，构建校企教学研究团队和技术创新团队，深入钻研技术、研发新产品新工艺、开发实践教学体系，共同开发和实施工学结合课程、共同开展技术研发，提高教育教学水平和企业生产效率。

　　学校出台《"双师"双向交流实施意见》《"双师素质"教师队伍建设实施办法》《兼职教师聘用与培养管理程序》等有关文件，着力构建双向交流的动力机制。文件进一步明确对进企业锻炼教师及来学校兼职的企业员工在政策方面的支持及相关奖励激励措施，并明确在考核评优、职称评审、绩效考核、培训进修等方面向"双师型"教师倾斜。此外，校企可以共同制定《"校中厂""厂中校"运行管理办法》《校企双向服务实施办法》《校企"双师"结构教学团队建设管理办法》《校企合作开发课程管理办法》和《企业兼职教师实施与管理办法》等文件，不断完善"互利共赢、共建共管"的实践教学基地共建机制，不断完善"责任明确、管理规范、成果共享"的"双师"双向交流机制。

二、"双师"双向交流的具体内容

（一）师资交流

第一，学校教师到企业锻炼。学校选派教师到合作企业学习锻炼，通过学习去获取企业先进的新知识、新技术、新工艺和新方法，多方面、多途径培训专任教师，充实专任教师的"双师"素养。各院部根据教学任务的安排情况，每年选派一定的教师到企业锻炼学习。学校专门出台《教师进企业（或部门、单位）挂职锻炼管理程序》，明确相关管理要求。优先安排无实践工作经历的教师作为驻点带队教师到企业或相关单位管理学生的实习。所有教师要优先考虑借助于带队实习的机会，加强与企业之间的联系，深入企业锻炼实践能力。具有企业工作经历的教师或具有高级职称的教师要同时在企业开展技术开发等项目合作。

各院部及学校教务处、人事处、科研处、督导处等职能部门要不定期地到企业走访，了解教师在企业的工作、学习情况，包括到岗情况、工作内容、工作纪律和工作成效等，探讨交流、解决问题。

各院部、教务处、人事处等有关部门对教师进企业实践的情况进行综合考核，评定考核结果。有下列情况者考核为不合格：实践时间内，学校检查或抽查到教师不在岗情况，且经核实事先没有向所在院部办理请假手续；在实践时间内，教师不遵守实践单位规章制度，造成投诉并影响恶劣或导致学校形象受损；未完成进企业实践有关任务。

教师进企业实践回校后，要在院部范围举行进企业实践成果汇报会，汇报自己的实践情况、收获与体会。对考核不合格的教师，扣减或不计绩效津贴；对进企业成绩显著的教师，学校按其贡献给予适当奖励。

第二，企事业单位的专家、技术骨干、能工巧匠进学校。学校聘请企事业单位的专家、技术骨干、能工巧匠到学校担任兼职教师，传授实践技能和知识技术的应用，承担部分专业实训课及相关课程教学任务。积极推介优秀教师为企业职工进行培训，也可推介学校高层（院、部领导）去担任企业顾问，定期进行系列讲座，并创造专任教师和兼职教师交流的机会，如在筹建专业实验、实训室，组织教研活动等方面，积极邀请兼职教师参与，认真听取他们的意见、建议。让兼职教师指导校内教师的实践教学活动，安排专任教师和兼职教师结成对子，互通有无、取长补短等。

外聘兼职教师的任职条件。具有良好的师德，较强的敬业精神。具有一定的教育教学经验，熟悉高职教育的教学方法。具有中级以上专业技术职称或本科以上学历，专业知识水平较高，能胜任所讲授的课程或毕业设计（论文）的指导工作。某些专业课程经批准可适当放宽任职条件，但需持有相关专业职业资格证书，或技能岗位等级高级工以上，或具有相关专业三年以上工作经历，身体健康，精力充沛，能完成教学任务。

外聘兼职教师的管理。外聘兼职教师管理由学院（部）、教务处、督导处和组织人事处负责。各院（部）按统一的要求建立起本学院（部）外聘兼职教师档案。组织人事处汇总并建立全校外聘兼职教师档案库。各院（部）具体负责兼职教师的日常管理工作。每学期召开一次外聘兼职教师工作会议，了解到外聘兼职教师的教学情况，通报学校教学信息，总结教学工作。教务处负责审核和检查兼职教师的教学工作量。兼职教师的教学质量由督导处和院（部）共同监控。督导处、各院（部）根据教学计划的要求，应不定期抽查和了解外聘兼职教师的授课情况和课程辅导、作业批改等情况，检查教学质量。对学生意见强烈、教学效果差或严重违纪的外聘兼职教师，由督导处、各院（部）研究后及时予以辞退，并由各院（部）做好后续工作。

外聘兼职教师的职责。教学工作量包括上课、辅导、批改作业、出试卷、批改试卷、评定成绩、试卷材料归档等。按学校的教学计划、课程标准等教学文件进行讲义组织和教案制定，按行动导向、学生主体的要求实施教学，必须备有所教课程的教案，以保证教学质量。学期第一周填写《授课进度计划》并经各院（部）审核后交教务处存档备查。严格按照课程表讲课，未经聘任学院和教务处批准，不准擅自调课、停课或者更换教师。因事因病请假，复课后必须及时补课。认真进行课程辅导，作业批改。参加所授课程试卷的出题、监考、评卷等工作。在每学期课程考试结束后，按学校要求及时录入和送交学生成绩，并按照学校对试卷相关材料的要求，提供相应的材料。参加各院（部）组织的集体教研活动，每学期参加教研活动不少于四次，并对学校的各项工作提出合理化建议，共同搞好教学活动。

（二）教学交流

共同研讨专业建设方案、专业课程建设和资源建设。各院（部）与相关企业根据产业人才需求情况，共同开发相关专业核心课程，建立突出职业能力培养的课程标准。相关企业提供相关职业资格标准、行业技术标准、相关岗位知识与技能要求等资料。各企业利用自身在相关应用项目实践中的各种素材，不断丰富院（部）的教学资源库，包括重大项目可对外披露的设计文档、架构图、流程图、实施关键控制点、PPT、视频资料、新产品样机等。

共建教学实训基地。为促进校企深度合作，各相关企业协助校方建设相关实训室，提供实训解决方案，并给予一定的支持。实训基地的建设要有效地解决校方新专业建设过程中所涉及的课程设计、人才培养方案、培养目标的制订及配套实训设备投入等问题，加快专业建设步伐，抢占发展先机。

实习实训指导。各院（部）与相关企业签订合作协议，结合相关企业的实际情况制订顶岗实习、工学结合计划（包括学生人数、专业、实习时间、实习内容、负责人等），经双方确认后再执行。实习期间，校方需派出实习带队老师负责具体实习实务，保证学生遵守有关法规和相关企业的管理制度。企业派一线能工巧匠指导学生实习，提高学生的实际动手能力，积累实际经验。

校企共建课程、共同开发教材。学校聘请了企业"能工巧匠"和"技术能手"实施弹性教学安排，灵活安排好教学时间，与学校教师共同开发实践教学课程内容，负责学生技能训练指导，承担实践教学任务，确保优秀兼职教师到校上课；专任教师到合作企业顶岗实践，提高教师实践能力；教师参与企业的技术革新、设备改造与新产品的研发，承担企业员工继续教育的培训工作。

（三）技术交流

双方合作进行各种类型、各个层次的科技项目研究开发，可以通过相关媒体刊登相应的科研成果。校企联合参与行业活动，双方利用各自优势资源，在符合当地区域经济特色的各种行业项目中深层次合作，发挥高校与企业双方各自优势，构建"双师"双向交流、校企双向服务的机制，借助双方的师资、技术、场地、设备的优势，以项目合作形式开展核心课程建设、新产品的研制、高技能与新技术培训、继续教育等方面的合作。同时，争取政府支持，共同研究, 共同开发, 共同实施, 促进地方经济发展。校企双方利用各种学术会议、行业会议和有关推广资源, 推荐并介绍对方, 以提高双方的知名度和影响力。

（四）文化交流

学校与企业合作举办多样化的活动（校企合作交流会、企业文化活动、企业调研活动、创业大赛、创业成果展示等）, 为在校大学生推介校企合作项目。这些活动可邀请政府部门、媒体、企业家、专家教授等前来参加。

聘请企业相关专业的中高层领导为学校客座教授、专业带头人或兼职教师, 参与学校内涵建设, 或开展企业文化与管理实务的系列讲座。学校相关专业的教师为企业更好发展和提升企业文化提出好的建议。

三、"双师"双向交流的组织实施

各院（部）校企合作办公室负责"双师"双向交流的组织实施。为实施双向交流并提高工作效率, 各院（部）与相关企业要成立双向交流联络工作小组, 工作小组由双方各委派 1 ~ 2 名工作人员共同组成。联络小组负责日常联络工作, 提出阶段性合作计划, 协调解决交流中的有关具体问题。

原则上每个专业、每学期与相关企业和兼职教师的交流要达到三次以上。每次交流要做好记录, 各院（部）负责检查本院（部）"双师"双向交流情况, 组织人事处负责检查各院（部）"双师"双向交流情况。

各院（部）定期走访企业人事部门负责人, 了解企业发展情况、人力资源需求情况和在岗员工技术、技能提升的需求, 及时为企业发展提供人才培训服务, 落实"双师"双向交流计划, 分析、交流工作的开展情况。

四、校企双向服务内容

校企共同修订完善《校企合作实施办法》《科技特派员工作管理程序》等文件, 利用学校的人力资源优势和先进的实验实训设备, 与企业共同创立集科研、生产、应用和高级技术技能人才培养于一体的运作体系, 形成校企双赢局面, 建立校企双向服务机制, 达到合作发展的目的。

依托校企合作办学理事会, 充分发挥学校为地方经济社会发展服务的职能, 依托企业行业优势, 充分利用教学资源, 建立紧密结合、优势互补、共同发展的双向服务机制。

专业课程建设和资源建设。校企双方根据市场人才需求情况，共同去开发专业核心课程，建立突出职业能力培养的课程标准。企业提供相关职业资格标准、行业技术标准、相关岗位知识与技能要求等资料，利用自身的各种素材，不断丰富校方的教学资源库，包括重大项目可对外披露的设计文档、流程图、视频资料等。

"订单"式人才培养。招生前与企业签订联合办学协议，进行"订单"式人才培养模式。校企双方共同制订人才培养方案、课程标准、学生的基础理论课，专业课由学校负责完成，学生的生产实习、顶岗实习在企业完成，毕业后即参加工作实现就业，达到企业人才需求目标。具体设有定向委培班、企业冠名班、企业订单班等。

科技开发合作。双方合作进行各种类型、各个层次的科技项目研究开发，校企联合参与行业活动，双方利用各自优势资源，在符合地方经济特色的各种行业项目中进行深层次合作，争取地方政府支持，共同研究、共同开发、共同实施，促进地方经济发展。

合作构建"双师结构"教学团队。聘请行业企业专家和专业技术人员、高技能人才担任兼职教师，承担实习实训技能等教学任务，为教师举办新技术、新设备、新工艺、新材料内容的培训班及讲座，有计划地安排专业教师到企业进行实践锻炼。

共建实践基地。学校引进企业建设"校中厂"，借助企业生产环境和技术指导，组织专业实习，使学生提前接触生产过程，在实践中学习和掌握专业知识和技能。学校根据专业设置和实习需求，本着"优势互补，互惠互利"的原则选择适合企业建立"厂中校"，作为师生接触社会、了解企业的重要阵地，实现"走岗认识实习、贴岗专业实习、顶岗生产实习"，利用企业的条件培养学生职业素质、实践能力和创新精神，增加专业教师实践机会，提高实践教学能力。

交流与培训。企业派出技术专家为校方承担部分相关课程教学任务，聘请校方优秀教师作为企业特聘专家。校企双方每学期进行 1～2 次的教学探讨。校方与企业共同组织或参加同行业教学研讨、学习观摩等活动，企业定期向校方提供专项知识讲座，服务师生。

五、校企双向服务工作机制

学校校企合作办公室是负责学校校企合作工作的常设机构，统一组织、协调校企合作双向服务的各项工作，实施归口管理。其主要职责是：负责学校校企双向服务工作的统筹规划，建立健全校企双向服务的各项管理制度，完善运行与管理体系；加强学校与相关政府部门、行业组织、企事业单位的联系，拓宽校企合作的渠道与途径，推进校企双向服务项目向深度和广度发展；负责指导各二级学院校企服务合作开发项目的立项申报与建设工作；对跨专业、跨院（部）、跨领域的校企合作服务项目加强协调和管理；负责校企合作横向科研项目的推进，促进科技创新平台建设，校企共同开展科技研发，引导专业教师积极为企业提供技术服务，提高学校社会服务能力。

各二级学院校企合作委员会是校企合作工作的主体，是具体实施单位，要将校企合作与专业建设、就业创业工作等有机统一，积极谋划和推进本院校企合作工作，负责校企合作的日常管理。其主要职责是：制订二级学院校企双向服务年度工作计划，组织各专业研究室制订适合专业特点的校企合作方案，积极探索订单培养，以及企业、二级学院等校企深度合作模式；充分利用各种社会资源，积极联系合作单位，引进合作项目，并组织做好项目的申报立项工作以及校外实践基地共建工作，能充分满足学生校外实习和顶岗实习的需要；校企合作建设"双师结构"教学团队工作；联合企业组织举办或参与各级各类职业技能大赛。

组织人事处、教务处、学工处、财务处、资产后勤处、继续教育学院等部门应在各自职责范围内负责校企合作双向服务的有关工作，形成齐抓共管的良好局面。具体包括：学工处主要负责学生顶岗期间的思想教育和安全管理工作，为学生就业、创业搭建良好的平台。教务处主要负责校企实践基地共建的管理、学生顶岗实习教学管理、专业建设指导委员会的建立与管理、校企合作课程开发等工作。组织人事处负责"双师素质"教师与"双师结构"教学团队建设等工作。聘请行业企业专家和专业技术人员、高技能人才担任兼职教师，承担实习实训技能等教学任务，为教师举办培训班和讲座，有计划地安排专业教师到合作单位进行实践锻炼。财务处主要负责核算校企合作服务项目运行成本，审查校企合作项目运行收入分配方式的合理性及财务管理。资产后勤处主要负责校企合作校内工作场地、设备的管理与监督使用及项目终止时固定资产（包括捐赠仪器设备）的清理与回收，积极为校企合作提供相关支持与服务。继续教育学院主要负责为合作企业职工提供继续教育与培训服务等工作。

六、科技特派员机制

学校选拔具有扎实的相关技术领域专业知识、较强的社会服务能力、组织协调能力和工作责任心的教师，派驻到工业园区、专业村镇、行业协会等，开展校企合作、人才培养、调研和联络工作。

（一）特派员选派原则

1.按需选派原则

根据地方经济发展规划、区域经济发展要求和人才需要，选派专业对口、具备较强科技与社会服务能力的骨干教师担任科技特派员工作。

2.任务明确原则

特派员派驻期间，有明确的工作任务和阶段性成果目标。

3.绩效考核原则

特派员派驻期间的工作成效与教工年度绩效挂钩。特派员派驻期满后，应进行绩效考核，综合考查特派员工作成效，其中主要包括：特派员派驻期间工作任务完成情况、预期目标达成情况。考核目标写入年度个人岗位职责（任务书），考核结果计入年度工作量，作为年度绩效考核的依据。

（二）特派员应具备的条件

第一，在岗人员。

第二，具有中级（含中级）以上专业技术职称。

第三，具有扎实的相关技术领域专业知识，较强的社会服务能力、组织协调能力和工作责任心。

（三）派驻单位应具备的条件

第一，具有相当数量会员单位的学会、协会；具有相当规模的园区管委会；政府部门认定的专业村镇。

第二，有人才培养、员工培训、技术攻关等方面的需求。

第三,认可校企合作办学工作理念,能积极配合科技特派员开展相关工作。

（四）特派员工作任务

1. 调研工作

深入一线，了解企业（单位）生产经营状况，考察企业（单位）技术和人才需求，收集企业产品信息与技术资料，分析、研究企业所在行业发展状况，为学校制订相关专业人才培养计划提供一手资料。

根据技术和行业发展趋势，特派员要在充分摸清企业（单位）技术需求基础上，去收集新工艺、新技术、新产品信息以及国内外市场动态信息，了解相关技术领域的发展态势和资源布局，分析和研究有待攻克的关键技术和共性技术难题，协助企业制定技术发展战略，推荐我校有关专业教师与企业协同攻关难题。调查研究地方行业发展状况，为地方政府出谋划策。以上调研工作，必须撰写和提交调研报告，并附有相关部门或单位的认可（或采纳、实施）证明和支撑材料。

2. 校企合作平台建设

构建校企合作长效运行机制。校企合作是我国高职教育的发展方向和前景所在，因此，特派员要根据学校专业特点，结合实际情况，充分发挥桥梁和纽带作用，根据企业（单位、园区）技术需求和发展战略，努力促成企业（单位）与学校的有效对接，提出机制建设内容需求、合理建议与方案，建立产学研合作的长效机制。

利用校企合作平台，联合培养人才。通过推动校企共建联合研发平台、实训基地、订单培养等形式，共建教师研发中心、学生生产实习基地、工厂人才培养基地，为企业培养技术人才，为学校提供学生实训场所。充分利用各种校企合作平台，促进学校、企业、工商联、行业协会、工业园区等多方联合，促成建立"整建制"实习基地和行业、企业员工培训基地，推进跨学校跨专业的"整建制"学生实习、就业和校企合作行业、企业员工短期培训。

3. 建设校企（单位）合作创新平台，提升企业自主创新能力

帮助企业建设或共建研发机构、工程（技术）研究中心、检测服务中心、产学研结合示范基地等研发平台和产业化基地，推荐学校专业教师与企业合作申报各类各级科技项目，争取国家财政资金支持。根据行业（工商联、行业协会）和区域（工业园区）企业的需求，负责协调好校内资源，组建跨学院跨专业科技服务教师团队，通过联络和纽带作用，促成校企合作技术攻关项目，解决企业（行业）技术难题。

（五）特派员工作考核

特派员工作考核，每学年开展一次，在全校年度绩效考核时段进行，分特派员自评、管理部门审核和网上公示三个阶段。特派员考核等级分优秀、良好、合格和不合格四个等级。考核成绩低于 60 分为不合格，60 ～ 79 分为合格，80 ～ 89 分为良好，90 分以上为优秀，考核不合格者将取消下一年度特派员推荐资格；等级绩效按当年学校绩效考核办法执行；对考核成绩优秀、表现突出的特派员，学校将授予"年度优秀特派员"称号和适当的物质奖励；学校对连续做出突出贡献的特派员，在技术职务晋升时应给予优先考虑。

（六）经费来源与管理

特派员工作经费纳入学校预算，归口科研处管理。科技特派员工作专项经费主要用于特派员进驻企业（单位）的差旅费、会务费。差旅费主要包括特派员进驻企业交通、住宿、伙食补助等；会务费包括邀请企业（单位）代表来校参观、学术研讨等的费用。特派员进驻企业（单位）差旅费，由特派员提交工作台账到科研处，经科研处审核后，按正常出差报销程序进行办理，各项开支标准按学校统一规定执行。

七、组建协同创新中心、协同育人中心

学校高度重视、大力支持协同创新中心、协同育人平台的培育建设工作，从经费、人员、场所等方面进行专项投入。

第一，加大自筹资金投入力度。

第二，用好、用足央财资金。

第三，做好人员、场所及政策配套。

学校分别为每个项目配备专职人员 2 ～ 4 人、专用场所 30 ～ 100 平方米。此外，还制定了《协同创新中心、协同育人平台的培育建设任务监测表》，新修订、出台了《科技特派员工作管理程序》《科技项目经费管理办法》及《科研成果管理与奖励办法》等配套政策。

第二节 高职教育人才培养质量评价机制

一、质量标准建设

学校始终以保证教学质量为教学工作的核心，在教学质量标准建设，教学质量管理、评价、监控等制度建设方面不断完善，贯彻落实，确保教学质量管理与监控体系能够有效运行。

各专业根据高职教育的理念和特点，在专业建设、课程建设、实践教学、毕业环节等方面制定了严格的质量标准。这些质量标准主要包括专业标准、课程标准、实习实训大纲、毕业设计（论文）指导书、考核大纲等。针对每项质量标准，学校还制定了具体的管理办法和工作规范，如《专业标准制定指南》《课程建设管理实施办法》《课程标准编写规则》《实习教学实施办法》《毕业论文（设计）实施办法》《实习实训指导书编写指导意见》等，为确保教学质量奠定了良好的基础。

二、管理程序建设

在教学管理方面，学校针对教学工作各个环节，研究确定教学质量监控点，以过程管理的理念，制定各质量监控点的监控方法，形成了以过程管理为核心内容的教学工作管理体制。制定了职责分明、工作流程清晰、过程记录充分，操作性强的管理程序文件，做到教学工作凡事有人负责，凡事有章可循，凡事有案可查。有效地规范了教学及管理人员在教学活动中的行为，确保了各项质量标准在教学活动中得以执行和落实。

三、教学质量监控体系建设

在办学实践中，学校根据自身条件和特点，建立了校、院二级督导工作机制，实施多种方式并行的教学质量监控体系。

教务处、督导处对教学过程实行动态管理，建立了期初、期中、期末教学检查制度。同时有计划、有针对性地对教学管理的各个环节进行质量审核，确保教学活动及其质量处于常态监控之下，使教学过程管理体系预防、纠偏、和持续改进的功能得到充分发挥。

学校建立了校、院二级专、兼职督导队伍，修订了《二级学院督导工作管理程序》（HZY/QP-2014-86）。按专责、专职负责对教师进行听课和导课，同时强化二级学院督导组的职能，逐步扩大了二级学院督导组教学质量管理和监控的范围，督导员除了参加日常听课评课、职教能力测评指导等工作外，全面参与本学院考试巡考、试卷抽查、教学检查工作；对学院督导工作提出建议；参与教师教学质量评定投票；并以个别访问、问卷调查等多种形式检查和了解学生校外实习情况，对学院学习工作的管理、校企合作项目的开展和校外基地建设提出建议等。在学校层面，创新督导工作思路和方法，建立了督导员约谈制度，该制度是动态掌握二级督导员的工作状态、教师的教学动态以及教学活动中存在问题的有效方法，通过与督导员深入的交流，掌握动态、发现问题、研究解决方法，对有效地促进教师教学质量的提升起到了非常好的作用。

制定《学生信息员工作管理程序》文件，建立教学质量的学生信息反馈制度。有序开展学生信息员遴选、业务培训、信息表统计和筛选、教学问题反馈和通报等方面的工作，形成课堂教学质量闭环管理的运行机制。确保学生对学校教学工作的意见和建议能及时和经常性地反馈到各教学部门。各教学部门能够及时地了解并掌握教师课堂教学状况，有针对性地处理各类教学问题，为学校的教学质量建设提供了保障。

校、院领导深入教学第一线，每学期都制订对教师的听课评课计划并严格执行，及时了解和掌握教学状况，使教学工作中出现的问题能够及时得到处理和解决。要求教学部门举办"公开课、观摩课、示范课"系列集体听课活动，形成了专业公开课、院级观摩课、校级示范课的阶梯式的教师集体听课、集体研讨的模式。

第七章　高职教育的开放式教学

第一节　高职教育推行开放式教学的适切性

我国经济发展过程中产业结构调整和技术的升级换代对人才的规格、类型及素质提出了越来越明确的要求。应用型、技术技能型人才开始备受社会的欢迎，社会对高职教育的要求也越来越高。随着社会用人标准、生源数量及特点的变化，高职院校继续沿用传统的教育教学模式已不能适应当前形势，教学改革势在必行。一些区别于普通高职教育，符合职业教育特点的教学理念、教学方法和教学手段必将在高职院校中得以推行。开放性教学因其开放性、灵活性及以学生为中心的特点更符合高职院校提升教学质量的需要，有助于高职学生提高动手实践能力，适应未来岗位需求并提升整体素质；这种教学集中反映了高职院校的发展趋势，有助于推动高职院校教学全面、彻底地改革，也有利于产学研合作教育的切实践行；它能够促使高职院校向注重内涵建设的方向发展，为社会提供更多的具备职业素质以及人文素养的技能型人才。因此，当前在高职院校中推行开放性教学具有一定的适切性。以下从必要性、可行性及紧迫性三个方面对高职院校推行开放性教学的适切性展开论述。

一、从高职院校三大发展看推行开放性教学的必要性

（一）推行开放性教学是高职教育向高级阶段发展的必然要求

我国高职教育的发展，大致经历了三个阶段，即初级阶段、中级阶段和高级阶段。

初级阶段为 20 世纪 80 年代至 90 年代。国家营造了大力发展职业教育的良好政策环境，职业教育的规模和速度获得了较快的发展，初步建立起以职

业学校教育与职业培训为主的职业教育体系。但囿于当时的国情，绝大多数院校办学条件十分有限，教学观念、教学方法及教学手段都较为落后，符合职业教育要求的师资队伍还未形成，学校运行管理不尽规范，缺乏职业教育办学的鲜明特色。进入 21 世纪后，由于社会的需要及学校自身发展的要求，许多地方的一些中等专业学校陆续"升格"，社会上涌现了一批高等职业院校。但它们当中的大多数受原有办学层次和水平的限制，在教学内容、人才培养目标及考核评价上，仍处于高职教育发展的初级阶段。

中级阶段是指 20 世纪 90 年代末至 21 世纪初，国家确立了教育结构调整的思路，出台了一系列重视发展职业教育的政策。许多地方为高职院校发展提供了较好的政策性支持，这些院校的办学条件得到一定的改善，教育教学观念亦有了明显提升，在实践中进行了符合职业教育特色的探索。拥有了一定数量的"双师型"教师，师资队伍从满足职业教育特色的角度来看基本达标；学校运行管理较为规范，形成了具有职业教育特点的管理制度。学校培养的人才，能够基本满足行业生产的需要，并得到用人单位和社会的认可。

高级阶段是指高等职业院校的办学条件十分完善，具有先进的职业教育理念及符合职业教育特色的办学模式，教育教学实践具有一定的创新性。院校专业设置符合区域社会经济发展的需要，能够不断带动技术革新，在一些行业或产业中对生产技术的进步发挥了引领作用。坚持"以人为本"的教育理念，能为学生提供比普通教育更加多样化的课程类型，使更多的人找到适合于自己学习和发展的空间。拥有众多高素质、"双师型"教师，师资队伍的水平和结构符合或超出了国家的标准要求，学校办学呈现出鲜明的职业教育特色，在区域内能够在一定程度上带动产业的发展。

从以上对处于不同发展阶段的高职院校的分析对比当中不难看出：伴随着发展阶段的提升，开放性的教育理念及教学手段发挥着越来越重要的作用。尤其在中级阶段后期以及高级阶段中，开放性是高职院校发展水平的先进与否的重要标志之一，亦是它们之所以发展到该阶段的重要动因。从初期较为简单的教会学生操作机器到后期培养学生一定的职业素养，再到实现人的全面发展，开放性办学贯穿始终；开放性教学也正在逐渐成为高职教育的一大鲜明特点及发展趋势。因此，开放性教学是高职院校教学改革与发展的必由之路。

（二）推行开放性教学是地区经济产业向高级阶段发展的必然要求

一流的产业必然要求一流的高职教育。反之，超前发展的职业教育也必然会拉动产业朝着一流的方向去发展。

（三）开放性教学是新形势下高职院校师生向更高层次发展的必然要求

教师的发展可分为三个阶段。初级阶段的教师角色就是"教书匠"，仅仅是简单地传授理论知识。中级阶段的教师就逐渐具有研究意识，在教学中有一定的创新能力。高级阶段的教师具有先进的教学理念、丰富的教学经验并掌握现代化的教学手段，是一定范围内的教学名师或大师。高职院校必须着力培养高水平的"双师型"教师，促进教师的发展。教师的发展有赖于对教育科学及产业技术发展的经常性学习与关注。

学生的发展也有三个阶段。在初级阶段，学生的主要任务是学习专业知识，掌握基础理论，主要学习方法是死记硬背；在中级阶段，学生在掌握一定的基础理论知识后，通过动手练习还获得了可在实际工作中应用的技术技能；到了高级阶段，学生具备了创新能力，能够在实践过程中发现问题、研究问题。没有一个开放性的教学环境，学生很难从初级阶段走向高级阶段。如果教学还只停留在"念书本、做习题"的阶段，高职院校的学生就学不到可运用到实际工作中的技能和素养。在开放性教学中，教师改革课堂教学模式，鼓励学生思考、创新，有利于学生不断提升自我，实现职业素养的提高。

二、从高职院校三个主体发展的本质看推行开放性教学的可行性

（一）高职院校发展的本质就是和社会产业高度的融合，在客观上要求教学必须具有开放性

学校只有与社会高度地融合，才能得到真正的发展。高职教育发展至今，已经与社会生产联系得更加紧密，使得它的教学内容就应该基于实际生产实践展开。学校与社会产业的这种高效融合要求高职教学是开放性的，与地区产业水平是同步或超前的。高职教育的协同性包括经济发展对职业教育的拉

动作用和职业教育发展对经济的推动作用，在两者的共同作用下，高职教育与产业发展便能够实现协同性发展。高职教育只有与社会产业相互协调发展、相互支撑，才能提升劳动力素质，推动社会经济发展。高职院校发展的这种本质要求促使其办学主体在教学设计、实施、评价等各个方面都要以社会的实际需要为基础，从最根本的功能和目的出发，推动高等职业院校的发展。

（二）教师发展的本质就是教师主体性的发展，突出表现在教学、科研等方面的创新型发展，只有推行开放性教学才能促使教师实现这种发展

教师要实现在教学内容、教学方法上的创新，就应该具有较高层次的视野、教育观念和教学策略。对于高职院校的教师来说，必须要充分了解社会、市场及企业的发展，应该积极走出去，走进企业、厂房、实验室。只有开放，教师才能够掌握最新的生产技术、教育理念，才能够了解并遵循最新的发展趋势，教学活动才能够有的放矢。同时，在开放、发展、提升的过程中，教师才能够形成实现自身价值的感受，才能获取教师这一职业给其带来的认同感、自豪感和幸福感。显而易见，给学生、教师带来更广阔的发展空间，使师生整个教育、教学过程取得更好的效果。

（三）学生发展的本质就是学生个性的发展，也只有开放性教学才能促使学生个性充分地发展

《国家中长期教育改革和发展规划纲要》指出：尊重个人选择，鼓励个性发展，不拘一格培养人才；关注学生不同特点和个性差异，发展每一个学生的优势潜能。学生在学校教育过程中主体性及个性的发展与发挥，对教学的开放性提出了必然要求。高职院校的学生有可能在智能类型上与本科院校的学生存在差异，这种可能性差异决定了两类教育的培养目标的不同。高职院校具有很强的跨界性，不能够再沿用以往传统的、一成不变的教学模式和教学方法教育学生。在高职教育过程中必须要充分认识到这些学生的特点，抓住"人的发展"这个学校教育的第一要务，同时紧密结合"职业性"这一高职院校特点，根据他们的不同智能类型提供差异化的教育服务，以满足学生的个性化教育需求，完全释放他们自身的潜能与个性。

三、从高职教育改革亟待完成的三大任务来看推行开放性教学的紧迫性

（一）推行开放性教学是进行课程改革和教学改革的重要任务

高职教育从其本身属性来说，就是强调培养学生的应用性能力、动手操作能力等。因此，高职院校课程与教学的改革势在必行。高等职业院校应该创建一种靠产业技术创新驱动课程改革的体系，促使教学内容适应社会需要，按照职业资格标准进行课程设计和实施。改变原有的学科体系设置，按照实际生产环节和步骤调整课程内容顺序及教学重点，同时进行职业文化渗透和技能训练。这就要求高职院校必须积极与企业、行业联系，紧密开展对接与合作，根据职业需要共同开发符合职业标准的课程。在教学中亦要采取开放性的手段与方法，改变原有的"重理论、轻实践"的教学模式，以学生为主体，鼓励学生主体积极参与。

（二）推行开放性教学是产学研高度融合的迫切任务

高职院校相比普通高等院校最明显的特征就是与区域经济产业的紧密联系，体现在教学上就是与企业、行业的高度融合，这是高职院校的本质属性所决定的。学校应积极探索开放性的教学模式，让课堂走出校园、把企业的老师请进学校，同时为学生提供"所学即所用"的知识和技能。把企业生产的真实环境引入校园或者把教学活动安排在车间、厂房，以实际的生产应用环节为教学内容，让学生以"当局者"而不是一名"旁观者"的角色参与到教学过程中。实现这样一种整合校园与企业资源的教育方式，就必然要求双方共同参与到教育方案的制订以及实施。因此，高职院校通过采取开放的教学模式来满足产学研高度融合的需要是一项非常迫切的任务。

（三）推行开放性教学是高职院校凝练办学特色的迫切任务

高职院校要达到发展的较高境界，就必须重视办学特色的凝练。开放性教学则能够改变传统的、被动的教学模式。高职院校应该首先从教学环境入手，创设真实的企业生产环境，把课堂延伸到企业、车间，使学生能够在真实体验中学到职业所要求的知识和技能。其次，在专业设置、课程开发、教学计划实施等方面结合院校自身专业优势以及区域支柱产业，采取灵活、开放的方式与企业、行业对接。另外，在开放性教学中还应注意与相关专业领

域的大型企业联合，通过开发横向研究课题，充分利用学校的人员技术优势和企业的生产实践基础，推动产业技术创新，同时带动教学水平的提高。

第二节　开放教学的基础建设

一、在开放办学中推进高职教育生态化

（一）高职教育生态化的含义

生态就是生物与自然环境的协调关系。生物是自然界的生物，自然界给生物提供了适宜的生存生长环境，它们共同构成了一个和谐的生态环境。"生态"一词现在内涵越来越丰富。人们把一切系统里健康、和谐、向上的状态都用"生态"来形容。生态学是研究生物与环境关系科学发展的学科。人、自然与社会三者的关系是生态学研究的重要范畴。生态平衡是生态学研究的一个重要问题。生态平衡理论认为，在一个系统里，内外因素的结构与功能应该是有序、开放、和谐的动态发展格局。高职教育的生态化，就是要逐步形成使高职院校和谐、健康、持续、开放、系统发展的环境。

（二）高职教育生态化的重要性

1.有利于高职院校获取最大程度的资源支持

高职院校的资源包括内部和外部两类资源。内部资源主要指高职院校内部的各种要素配置与组合产生的发展状态。外部资源主要指高职院校之外的各种社会力量与学院发展的关系状态。高职教育生态化作为高职发展环境最优化的目标，是一个日益转化的过程。高职院校只有在开放、有序的社会环境中才能更充分地获得发展所需要的各种资源。

2.有利于促进师生全面发展

在生态化的职业院校，教师充分参与到企业合作，学生也有更多的通过跨界合作实现发展的机会。生态化的高职院校里，管理民主，校园文化环境一流，教学开放高效，师生关系和谐友好，师生教学相长，共生互促，实现最优化发展。

3.有利于高职院校为社会充分做出自己的贡献

高职院校服务社会主要体现在四个方面：一是人才培养，这是最重要的服务；二是校企合作，为企业或其他社会机构提供科研与技术服务；三是文化服务；四是继续教育，从事社会培训。高职院校必然要服务社会，关键是服务社会的广度与深度如何。在生态化高职教育里，高职院校与社会其他机构都是和谐、开放、互助的关系，这种关系会比以往任何时候让高职院校服务社会实现最大化与最优化。

二、推进专业建设的开放性

（一）专业是开放教学的基层平台

开放性教学在推进的过程中，一般存在三个层面，即学校层面、院系层面和专业层面。在开放性教学初期，一般先在某一个层面落实推进。例如，如果是学院领导发起，则学校要先在学校层面进行观念培训，设计相关制度，然后逐层进行推动。但由于专业是教学的基本单位，归根结底，必须落实体现在专业层面。高等学校一般是按照专业制订人才培养方案、安排课程、开展教学的。如果开放教学总是浮于学校与二级院系的层面，则说明开放教学缺乏深度，还没有真正落实下来。

教学项目和课程着重于培养成功的工作表现所需要的能力，应依据劳动力市场对职业素质能力的需求重新编排课程和评估。课程改革必须集中在提高能力素质上，比如学会如何学习、互动技能、交流技能、信息处理、解决问题能力、思考能力。发展大量专业技能必须专注职业和公司培训，即在工作实践中学习。在当下体力劳动和常规工作逐渐被信息知识取代的社会中，这些预备知识学习就是最重要增加个人增值的过程。

教学革新最重要的是开发基于劳动实际过程发展专业学习课程体系。学校分析企业和产业，找出各个工作岗位的工作目标任务，针对各个典型工作岗位的任务建立学习场地，并配以相应的教学目标。学校评估通过教学手段设计，制作过程和操作过程针对学生的知识掌握和运用进行专业评估。企业评估注重能力资格认证。评估标准基于教学评估，使得学校教学能持续和行业需求保持一致，增加学生就业机会。

（二）将开放教学融入专业

当前，受体制等客观实际的限制，专业这个层面工作权力比较小，掌握的资源不充分，对开放教学的认识群体差异性明显，因此在把开放教学向专业推进时，存在着一些困难。这就要求改革一些传统的做法，按照现代管理理念推进此项工作。一是重心下移。学校管理的重心应该在二级院系，要充分放权，使二级院系拥有充分的权限。二级院系在统筹管理的同时，应该给专业组织赋予推进项目的更大权限。二是资源配置。专业组织必须拥有一定的人力资源与财力资源。只有资源配置到位了，开放性教学才能落实到专业层面上。三是项目推进。这是现代管理的一种较为科学的做法。

第三节　产学研合作教学

一、积极推进一般意义上的校企合作

高职的培养目标是利用学校和企业两种不同的教育环境与教育资源，采取课堂教学与学生参加实际工作的有机结合，来培养适合不同用人单位需求的应用型人才。高职院校必须利用好学校主体以外的其他资源，这是由高职院校办学跨界性的特点决定的。现在，国家职业教育的宏观政策有变化：一是构建形成职业教育体系；二是社会、企业及个人可以以不同资源形式入股以促进职业教育发展。因此，土地等多种资源共用的概念应当形成，不应该只强调学院自有土地，拘于一校的资源。

高职教育的教育坐标：一是高职教育是一种教育；二是它属于高职教育；三是它属于职业教育。它具有高等性、职业性及教育性。在教育坐标系中，它属于三横（基础教育、中等教育、高职教育）与三纵（职业教育、普通教育、成人教育）构成的坐标系当中最重要的位置，即最前面最上层的交叉位置，说明它在教育中处于十分关键的位置。

高职教育的社会坐标。在教育、文化、科技、企业等社会事业的纵向结构中，教育属于基础性事业。在横向结构中（基础教育、中等教育、高职教育、高职教育），职业教育处于前排中间偏上位置，它连接着社会各项事业，是产学研的中间力量，是为各行各业培养操作层面专业技术人才的重要阵地。这说明高职教育在社会运行中具有十分重要、不可替代的作用。

在这一转型过程中，高职院校的产学研参与方式是以培养适应地方传统产业技术升级的高技能人才，需要根据产业的技术调整来相应革新自身的人才培养方案，在课程设置方面做出适应性调整，尤其是在实训设备上需要与企业的生产设备革新同步。因此，在这一过程中，高职院校必须深入企业展开调研，与企业在实训室的建设上采取共建合作的方式，校企共同开发课程、重新设计教学流程。

产学研合作的第一个阶段是校企合作，"校中厂""厂中校"，这在职业院校已经不是新鲜事了。一些校中厂在被高职院校孵化以后，形成规模与质量更高的企业。这样的企业会为产学研做出更大的贡献。第二个阶段是校企合作形成的混合所有制二级学院。孵化出来的企业在行业里面产生了较大影响，职业院校可以与之形成混合所有制二级学院。当然，高职院校还可以与其他大中型企业共建二级学院。第三个阶段是集团化办学。

借力发力——利用社会资源实现学院发展，是学校教育的社会性问题。学校处在社会环境中，服务于社会，同时也不断获得社会的支持。只有把学校放在社会生活中，学校才能获得良好发展，学校培养出来的学生才具有很强的社会性。高职院校只要解放思想，就能获得必要的社会资源。相比较而言，高职院校具有比其他教育更强的社会性。为了培养适应市场需求的人才，我们就应当在一些课程上采用基于生产过程的教学模式。为此，寻求与大企业的合作共建就显得十分重要，在资源方面可以与企业共有共用，只有这样，中国的职业教育才可能办出真正属于职业教育的特点来。

职业教育校企合作，可以通过对协同创新内涵的把握和对自身优势的准确定位，通过建立学校教学与企业生产经营及科技研发紧密结合的灵活的体制机制，以科技和人才为结合点，在人才培养、科学研究、队伍建设等方面多方位、多途径地展开；可以针对行业产业领域的前沿技术问题，协同开展科研攻关和成果转化，不断提升企业的科技研发能力和竞争能力，提升职业院校的人才培养水平和主动适应区域经济发展的能力，改变以往企业只为职业院校提供学生实习实训基地，而职业院校则只是接受企业委托开展技术研究和咨询的传统合作模式，让职业教育校、企合作育人模式更加充满生机和活力。

校企合作是职业院校培养人才的重要手段。随着经济社会和科学技术的进一步发展，校企合作、产教融合对高素质劳动者和技术技能人才培养的意义愈加重大。

（一）学院如何提高给企业的贡献度

高职院校只有努力践行产学研合作，充分体现跨界性，才能办出活力、办出特色。因此，对我们而言面对的不是要不要与企业合作的问题，而是怎样合作的问题。只有把双赢与贡献放在一以贯之的着眼点上，才能使合作走向永续、走向有效。为此，就要考虑校企双方各自的贡献度。学院贡献什么？企业贡献什么？按照双方投入的价值大小，产生与之相匹配的贡献度。过去更多地强调了单方面的贡献，实际是不对的，学院与企业都必须要做出相应的贡献。作为学院一方，要实现与企业的友好、有效、持续合作，必须首先考虑自己对企业的贡献度。

第一，人才资源的贡献。这是优秀高职院校的一个优势，也是在产学研合作中，高职院校方面的一张王牌。当然，人才优势也是不断培育出来的。有了人才优势，高职院校就有了与企业合作的一个基本。

第二，项目技术贡献。人才不单纯是一种人力资源，更是一种智力资源。智力资源必须通过具体项目加以体现。永远没有抽象的智力，智力是在解决问题中的智慧之力。

第三，培训贡献。高职院校的教育培训优势相比企业也是非常明显的，我们要承担起对企业员工进行教育培训的责任。科学研究方面，高职院校的优势在于因其"工学结合、校企合作"模式的推行，高职院校与产业界一直保持频繁的互动与密切的合作关系。高职院校的科研工作者最了解企业的技术服务需求，且针对企业的科研服务途径最为多元化。因此，高职院校应以教师下企业锻炼，参与企业技术与产品更新，以科技指导员队伍建设等提供常规化的技术服务。

第四，空间资源贡献。学校有土地、有建筑设施，可以在力所能及的范围内，给企业提供这方面的相关支持。

第五，资金贡献。学校可以利用国家政策，从学生学费里提取一部分资金让利企业，也可以通过设备支持来投资企业。

（二）订单式人才培养

1.订单班的意义

一是订单班有利于实现校企的合作教育。校企合作是一件不容易的事情，问题的关键是双方之间缺乏一种契合点，没有形成项目。从具体项目入手实现与企业的合作，从小的切入点入手往往会产生出乎意料的效果。订单班就是校企双方的具体切入点。二是订单班有助于实现毕业与就业零过渡。订单班教学将岗位教育融入课程当中，学生可以在课程学习中，了解与理解岗位，培养他们较好的岗位适应能力、职业技能和职业道德。三是订单班实现了共赢。订单式人才培养可以实现学校、用人单位和学生之间的三赢。

2.办好订单班的策略

第一，要重视学生就业并培养其职业能力的强烈意识。职业教育主要是就业教育，高职教育也是如此。高职教育一定要高度重视学生的就业情况。只有树立了较强的就业意识，学院才能在从人才培养方案到教学过程再到实习实训等各个环节上进行就业方面的教育。这是订单班设立的一个观念性前提。高职院校除了培养学生的专业能力，还一定要重视培养他们的职业素养，要树立较强的职业素养培养意识，这也是办好订单班的又一观念性前提。

第二，遴选大中型的、有一定社会担当的企业进行合作。如果合作的企业过小，那么在接受学生就业方面的能力必然十分有限。同时，小型企业也很难提供高素质的人力资源参与订单班的课程开发与教学活动。

第三，一定要在课程与教学两个维度上体现教育性与企业性。订单班必须建立在学院与企业友好合作的基础上，既要把学院在课程与教学方面的要求体现出来，又要在一定程度上安排企业所要求的课程。

（三）现代学徒制

现代学徒制对职业教育的发展有重要意义。在职业技术与发展过程中对现代学徒制的保护和保障是体现社会价值观的一种具体行为。国家相关法律支持、企业主动参与、现代学徒制发展社会概念的升华，三者之间紧密相连。

现代学徒制发展的环境主要由四方面构成：政府、行业、企业及影响现代学徒制发展的外部环境的社会公共力量。存在的问题：一是缺乏政府引导——政府管理功能缺失、缺乏完善的企业激励机制、资金保障机制需进一步完善；二是企业参与势头削弱——企业对人才库意义认识不足、教育投资周期过长、人员培训周期长；三是行业交流与合作薄弱；四是社会价值认可度落后。

职业教育对现代学徒制的发展策略：一是要有政府支持；二是要引导企业重视现代学徒制人才培养模式；三是要行业合作；四是要社会认同。这些策略在国际范围内得到了较为广泛的认可。

整个学习过程以公司流程、项目流程、专业流程、思考方法等职业、实用的实战总结为基础，按照教学规律进行重新编排，让学生阶段化、系统化、进阶式地学习，每一阶段，每一学习小结都是一个完整的学习系统，让学生从一开始就形成系统化、条理性的学习、思考习惯。培养了学生从宏观着眼到细节深耕的学习力、思考力与执行力，使学生们受益良多。

二、努力发展混合所有制二级学院

混合所有制是经济领域的专业术语，其核心特征是"国有资本、集体资本、非公有资本等交叉持股、相互融合"，且经过实践证明是盘活国有资产存量、激发国企发展动力的有效途径。将"混合所有制"引入职业教育领域，目的是进一步深化职业教育体制改革，调整职业院校产权结构，破解目前公办职业院校体制机制不活、办学动力不足和民办职业院校难以做大做强等关键问题，建立产教融合长效机制，充分放大国有资本的能效，发挥社会资本的鲶鱼效应，集聚各类办学主体、多种所有制资本参与职业教育办学，推动高职院校能更好、更快地发展。

寻利性是企业的一个显著特征，企业总会追求自己利益的最大化。而学院是事业单位，公益性是其显著特征。寻利性与公益性在表面上是一对矛盾。但从本质上而言，它们都是服务于社会的。社会服务性是企业与学校的共同本质，正是因为这种共同的本质，企业与学校可以实现一种合作，共同形成一种模式、一种平台，更好地服务社会。双主体办学，混合所有制二级学院就是一种较好的模式与平台，混合所有制二级学院有利于深入推进产学研全面与深度合作。我们一直努力探索混合所有制二级学院的创建，可以解决土地面积不足的问题，有利于实现共赢局面。

1. 平等原则

这是最主要的一个原则。平等体现在话语权、参与权、管理权等方面，而这些往往体现在一些细节上。

2. 共赢原则

一些校企合作之所以失败，原因就在于没有把握好共赢这一原则。因为没有考虑到双赢，而是更多站在职业院校的角度考虑问题，企业自然缺乏积极参与的热情。共赢原则是在总结过去校企合作经验的基础上得出的一个基本认识，也是社会学研究得出的基本结论。我们这几年，之所以能与一些大中型企业实现好的合作，根本的经验就是实现了共赢。双方一经合作，就应换位思考、互相理解、彼此信任。唯有如此，才能实现合作的持续长久。

这就要充分考虑校企各自的利益点位问题，每一个企业与学院合作的利益点位都不尽相同。明确政府方和社会资本方均是办学资产的拥有者，在实际操作中，要重视学校产权界定工作，依托鼓励金融、保险、担保等权威中介机构为混合所有制学校提供资产评估、融资、风险管理、信用担保等专业服务，摸清家底，全面清产核资，在此基础上建立国有资产保值增值的体制和机制。在治理结构上，有效借鉴现代企业管理制度，实现决策、管理和监督等权能的适度分离与相互制衡，全面推进学校治理能力现代化。建立激励约束机制、办学绩效评价机制、监督机制、信息公布机制，按股份制公司运行。

三、促进职业教育集团化办学

现代职业教育作为一种特定的教育类型，横跨公共领域和市场，运行环境复杂，涉及多元主体且面临主体间的利益诉求差异，对它的治理自然不能简单地等同于一般公共事业管理和普通教育治理，需要建立一种有效的治理机制来应对发展需要，实现其"促进以行业企业为主导的社会合作伙伴积极参与职业教育治理，以实现社会多元主体共同治理职业教育的格局"的目的。

职业教育集团——这是高职院校走向高级的重要标志。一是高职院校发展到一定阶段，要牵头搞行业标准。同时，在集团之内，不同的高职院校可以互相学习，优秀的职业院校可以起到牵头引领示范作用。二是可以在混合所有制基础上形成职业教育集团。三是领军人才、理事会制度、互惠互利是职业教育集团的关键要素。通过与行业协会的接触，深感联盟与互动十分重要。

从协同创新的内部动力因素看，最根本的动力来源于共同目标的引导和共同利益的驱动。实践证明，产学研协同创新联盟的建立是各创新主体"求同存异"的结果。从协同创新的外部动力因素看，最强大的动力来源于市场需求的拉动。市场需求是客观存在的，在生产经营、技术研发等方面发挥着基础性作用。

第八章　高职教育教学管理创新

第一节　高职教育教学方法创新

高等教育教学方法创新路径是高等教育教学方法创新活动中重要的实践要素。对这个问题的研究，既可以是对过去或现存状态的追寻或总结，也可以是对未来教学方法创新的价值建构。无论是过去已经存在的教学方法创新方法还是未来需要着力改进的新的创新方法，无论是各种自创的创新方法还是学习借鉴而来的教学方法，都值得被推崇，但都要客观地分析教学方法具有人文环境的适应性和技术支撑条件的差异性，不能盲目。

高等教育教学方法创新的基本路径构建，科学性和新奇性是两个基本判据。教学方法的内在规定性是"价值实现"和"感受共存"，这对教学方法创新实践同样具有理论指导意义，"价值"是科学性创新路径的规定，"感受"是新奇性创新路径的规定。

高等教育教学方法创新策略，必须提示两点：第一，在方法创新过程中，借鉴异域高等教育教学方法是一个有效途径，这个途径不是在说明那些方法的好坏，而是提高了教学方法的丰富程度，即感受性的最大特点就是丰富性，不然，师生对于教学方法的感受共轭就是贫乏的；第二，要重视教学方法的人文环境适应性和技术支撑条件的差异性的存在。在学习借鉴时，要根据不同对象并分析该方法创制的原始背景，加以利用，并注意克服推行过程中的技术限制因素，尝试其他途径或通过相关技术解决问题，这本身属于创新思维范畴。结合创新理论原则和高等教育的教学方法的历史与现状，总结分析得出成功而有效的教学方法。创新方法主要有以下几种。

一、组合法

无论是在自然界和人类社会，组合创新非常普遍。就教学方法而言，就是两种或两种以上的方法或方法理论的一部分或全部进行适当叠加和组合，形成新的教学方法。组合法是创新原理之一，也符合教学方法创新实践。组合创新的概率与空间是无穷的。

二、分离法

分离原理是把某一创新对象进行科学的分解和离散，使主要问题从复杂现象中暴露出来，从而理清楚创造者的思路，便于抓住主要矛盾。分离原理在创新过程中，提倡将事物打破并分解，它鼓励人们在发明创造过程中，冲破事物原有面貌的限制，将研究对象予以分离，创造出全新的概念和全新的产品。教学方法创新的分离法，就是把过去或原有的、司空见惯的方法加以分解，按照一定逻辑关系进行整理，然后去突出某一部分，甚至将其扩充放大成为一种等同甚至超越于原来方法作用的新方法。

三、还原法

还原实际上就是要避开现行的世俗规则，即将所谓"合理"的事物设定为"非"，而将事物的原状设定为"是"，就是要善于透过现象看本质，在创新过程中能回到对象的起点，抓住问题的原点，将最主要的功能抽取出来并集中精力研究其实现的手段和方法，以取得创新的最佳成果。教学方法创新与其他任何创新一样，都有其创新原点，寻根溯源找到创新原点，再从创新原点出发去寻找各种解决问题的途径，用新的思想、新的技术、新的手段重新构造方法，从本原上去解决问题，这就是还原创新方法的精髓所在。

四、移植法

创新理论认为，移植法是把一个研究对象的概念、原理和方法运用于另一个研究对象并取得创新成果的创新原理。"他山之石，可以攻玉"，移植法的实质是借用已有的创新成果进行创新目标的再创造。教学方法创新活动中的移植法，可以采取同一学科领域的"纵向移植"，也可以采取不同学科领域、不同地域的"横向移植"，还可以采取多学科领域、多地域教学方法的理念、思维和方法等综合引入的"综合移植"。移植能够取得新的成果，在教学方法方面，移植也符合"感受共存"中的新奇性标准：没尝试过的就是新奇的。

五、逆反法

逆向思维是一种重要的创新方法，逆反法要求人们敢于并善于冲破头脑中常规思维模式的束缚，对已有的理论方法、科学技术、产品实物持怀疑态度，从相反的思维方向去分析、去思索、去探求新的发明创造。实际上，任何事物都有着正反两个方面，这两个方面同时相互依存于一个共同体中。人们在认识事物的过程中，习惯于从显而易见的正面去考虑问题，因而阻塞了自己的思路。如果能有意识、有目的地与传统思维方法"背道而驰"，往往就能得到极好的创新成果。

六、强化法

强化是一般创新方法之一，它是基于科学分析研判基础上的一种"包装术"，即合理策划。强化法主要对原本一般的方法通过各种强化手段进行精炼、压缩或聚焦、放大，以获得强烈的创新效果，给人以感觉冲击。分析国家级"教学名师"们的教学方法，很多都是采用强化法，把普通的教学方法"概念化"，或者按照分离法原则把一个普通方法的局部元素加以剥离、充实，并开发到极致、应用到极致，并打上首创者的名号。这样获得的教学方法不仅是"新"的，也是"强"的。

七、合作法

高等教育教学活动是典型的深度合作活动。这种认识长期没有得到推广，以至于教学方法的单边主义长期盘桓，根深蒂固。创新现行屡遭诟病的教学方法，推进高等教育教学方法创新，思路之一就是应该从教学活动本源入手。任何教学方法的创新，从创新主体而言，合作的路径是无限宽广的。因为，科学的发展使创新越来越需要发挥群体智慧才能有所建树。早期的创新多依靠个人智慧和知识来完成，但像人造卫星、宇宙飞船、空间试验室和海底实验室等，需要创造者们能够摆脱狭窄的专业知识范围的束缚，依靠群体智慧的力量、依靠科学技术的交叉渗透。

第二节 高职教育教学方法创新评价

推进和深化高等教育教学模式创新实践的一个重要命题是如何开展教学方法评价。教学方法评价的缺失或不当是教学方法创新实践成功的先决条件。因此，建立适合高等教育教学内容、教育对象、教学发展特点的教学方法评价机制，有利于推进教学方法创新实践活动。

教学方法创新评价的起点是教学方法常态评价，通过对教学方法的常态评价促进教师的教学方法创新，通过教学方法创新评价进一步科学引导教师的教学方法进行创新实践。教学方法常态评价就是对任何教学活动中教师所使用的教学方法状况及其影响给予分析判断，提出建议。这实际上属于常规教学评价内容，但经常被忽视或虚化，其中一个重要原因就是评价标准的缺失或评价过程的瞬间性难以把握，只能寄托于"事后印象"。所以，教学方法常态评价实际上处于一种"无政府"状态，无论是教师还是学生，甚或是专门教学指导与评价组织者，均各执一端，莫衷一是。

教学方法常态评价的目的不在于推选出一种或几种最优教学方法，而在于促进教学方法的多元化和有效性，使学生能够感受得到积极健康的满足，从而激发学习兴趣，增强学习动力，提高教学活动的整体水平和质量。"最优"教学方法是不存在的，所有有效的教学方法几乎都是组合性和适切性的产物。因此，常态评价的标准不是组织设计性的，而是一种常模状态下的灵活评价标准，符合基本教学方法要素、适应不同教学内容和教学对象，教师和学生的感受趋于一致。

高等教育教学方法创新评价是在教学方法常态评价基础上，用来引导和规范教学方法创新活动的手段之一，评价结果反映出教学活动中教师所采用的教学方法的科学性、合理性及有效性。进行创新评价或者评价某个教学活动中的教学方法是否具有创新性，至少应该符合以下四项原则之一。

一、批判性原则

与常态评价不同，考量一位教师的教学方法是否具有创新性，首要的判据不是稳妥、正确，而是方法中的批判性成分，包括该方法对教学内容的常理的、现行结果等是否具有反思维或质疑，对学生的问题意识、探究情怀是否有暗示作用。现行教学方法中的知识讲授、灌输等方法之所以一直被诟病，就在于它们忽略了这些知识产生时的无限批判进程，使知识显得格外苍白，不能培养学生的问题意识和探究兴趣。在评判原则之下，可以有非常多的具体方法，只要它们具备批判属性，都属于教学方法创新范畴。

二、挫折性原则

无论是抽象的观念还是具体的方法，但凡具有"新"的本质属性，或多或少存在不被立即接纳和认同的境遇，人类社会在漫长的进化史中，有一个共同的经验就是对于"新"既怀有期盼，又保持着戒备。一种新的教学方法被创设或引进到一个教学情境中，必然会有一定风险、会遇到各种阻力乃至反对，一片欢呼、推行顺畅的新方法则十分罕见。教师对风险的评估及是否决定推行为内阻力，而遭遇风险为外阻力。无论是内阻力还是外阻力，都是任何新方法所必须面临的挫折。同时，这种方法本身在实施过程中还含有"挫折"意蕴。比如，项目教学法就使学生在参与实施新方法的过程中体悟探究和推演的复杂性和艰难，在挫折中寻求成功，进而体会新方法的意义和愉悦感。这种方法也是对高等教育学生进行学术品格培育的有效途径之一。

三、丰富性原则

有效的教学方法很少是单一性的，通常是多方法的组合运用。评判一次教学活动或者一位教师一贯的教学方法是否具有创新性，应该考察其方法使用的丰富程度。人类在漫长的教育教学历程中，创造了无数的教学方法，其中每一种方法都没有好坏、正误之分，关键是是否适合这种方法的对象、教学内容与教学情境。教学是种非线性规律活动，每一种教学方法都有其产生的特殊原因，而人类相同原因出现的概率非常少。因此，某一种方法只能在其起源相似条件下才能发挥作用，更多情况下是各种方法的融合与杂交。具有创新性的教学方法必须具有丰富性特点，单一的方法在现今条件下即使具有创新性，也一定非常微观，解决不了常规教学层面的问题。总结名师们的教学方法，在其"品牌性"之外，都有非常丰富的教学方法贯穿教学活动之中，其中还有一些是教学方案设计之外的"非设计"方法，被教师们临场发挥，服务于特殊需要的教学过程。

　　"非设计"方法是教学方法创新丰富性的表现之一，它也准确地反映出不同教师运用教学方法的能力和水平，高水平的教师可以在教案设计方法之外依旧游刃有余、得心应手地选择恰当的方法开展教学，而初任教职的可能在教案中设计了若干教学方法，但有可能一些方法根本没有用上就草草结束教学活动了，或者用一些超出教学安排的"取宠术"来满足学生的兴趣。

四、关联性原则

　　高等教育教学方法的实现途径随着技术进步发生着快速而深刻的变化，多途径实现教学目的成为现代高等教育教学方法创新的革命性特征。与传统的讲授法、灌输法相比，现代技术带来的教学方法创新突出了技术性优势，从"粉笔加黑板"幻灯、多媒体、进化到网络课堂，有效地提高了教学效率，为交互式教学提供了时空与技术保障，师生教学灵感也能及时得到捕捉和储存等。但这只是教学方法创新关联性的一个方面，即方法与手段的关联。级联递增式的关联性一定程度上否定教学方法的技术元素，完全依赖现代教学技术推进教学方法创新也不妥当，因为人类的教学活动从产生到现在，从来就不是技术的奴隶。尽管现代网络课堂或课程在逐步兴起，这可能从感觉上给世界各地高等教育教学方法掀起一次话题讨论，但通过网络传播"最优"教学方法的可能还是为期尚远，更多是学校的一种魅力与形象的展示。因此，关联性创新原则要求教学方法不能在技术面前无所作为，也不能搞"唯技术论"，还必须回归教学活动中"教"与"学"的本位开展创新。人是社会生活中最活跃的因素，离开先进技术设备条件依然可以开展教学方法创新活动。

　　对教学方法及其创新性的评价，主体必须是多元的，任何单方面的结论都不足信，尤其是从教学管理角度开展的教学方法及其创新性评价更是有违教学方法的本质要求。高等教育教学方法创新属于学术文化范畴，对于教学方法的评价不属于高等教育的行政管理而是学术管理。学术性评价的主体应该是多重多元的，只有这样才能靠近教学方法及教学方法创新性的本质。否则，就是对教学方法的机械性误导，会极大地扼杀教学方法运用的灵活性和教学方法创新的积极性。

　　教学方法创新评价主体是教学活动直接参与者的教师和学生这个二元主体。而且学生这一方面的情况还是动态变化的，即某位教师的某一门课程的教学对于某一年级的学生一般只有唯一的一次，待教师重复进行教学时，学生已经全然改变。因此，教师的教学方法创新为什么滞后，关键就在于学生对某门课程的学习及对教师教学方法的"感受"是唯一而不可重复的，即使有一些中肯的建议，但检验这些建议是否被采用的，面对的则是下一届学生。所以，对教师教学方法创新评价主体中学生的界定，必须是持续几个年级的学生。或者，对于通用性强的公共课程、专业平台课程等，要把学生全部纳入评价主体的范围，但这对大量专业性课程不适用。教学方法创新评价主体的另一方面，应该是教学团队成员。无论这个团队是否形成建制，或者规模大小、关联强弱不一，但通过这个团队，可以从"方法适应内容"角度准确界定教师教学方法使用及创新状况。至于很多高等教育已经组建并运行的"教学视导"机构的人员，是教学方法创新的评价主体之一，但由于学科专业的巨大差异，他们只能从通用性方法，即符合教学一般规律性的方法入手加以评价，而不能代替教学团队的评价。教学管理部门参与教学方法创新评价是间接的，只能从程序设计、持续推进、结果反馈和分析等方面着手工作。

第三节　高职教育教学创新的思路

一、更新教学理念

（一）更新教育思想，确立实践教育教学理念

实践是指将高等教育教学内容中的自然科学知识、人文知识、德育等各种理论知识教育，通过具体的系统实践来消化、固化、融合、升华。在实践中统一科学教育与人文教育，把实践育人贯穿于人才培养的全过程，培养学生的实践能力和创新精神，提升个人人文素质和科学素质，达到完全与社会实际需求相符。高校在校园文化建设中要建立一种新的激励机制，带动学生去积极展开创新创业活动，并给予大力支持，全面推进实践教育。

（二）树立以生为本的教学理念

就是在教育教学中要体现出对学生主体地位的充分理解和尊重，对学生潜能的充分诱导和挖掘，对学生人格的充分培养和塑造，把学生的个人意愿、

社会的人才需求、学校的积极引导都有机结合起来,使学生在知识、能力、思想道德、身心健康等各方面得到均衡、全面的发展,从而促进学生成长成才。这一教学理念要充分贯彻体现到高校的所有教学环节之中的各个方面。在教学模式上,要对原有的、缺乏弹性的、学生被动接受的、没有选择余地的教学模式进行创新,实施弹性教学计划,建立学分制、主辅修制,让学生有一定的选择权和支配权,可以自由支配属于自己的时间和空间,着力于学生创新能力和实践能力的培养。在教学目的上,要"一切为了学生,为了学生的一切,为了一切学生"。在教学方法上,要大力提倡"以学生为主体、教师为主导"的互动式教学方法,鼓励进行问题式、案例式、讨论式、情境式教学法,开展"启发、互动、探究式"的课堂教学实践,采取一系列措施,使教师由传统式知识传授型教学向现代式研究性教学转变,引导学生由被动接受型学习向研究型学习转变。在教学组织的具体实施方面,应采取灵活多样的教学组织形式,而对目前过于刻板的传统教学方式进行创新,充分发挥学生的个性,对学生进行激发和引导,使学生经过探索研究而学会自主学习,使教学方式以传授知识向培养学生认知能力和全面素质转变。转变以教师、课堂、书本为中心的教学局面,进行师生互动,展开专题讨论,鼓励自主探索与合作的学习方式,培养学生的探索精神与批判性思维;重视教学的创新性和学生个体间的差别指导,让学生在与教师的朝夕相处中耳濡目染,接受熏陶;以学生亲自动手实践为主,采取提供实践平台、鼓励学生积极参与科学研究实践课程创新的手段,增强教学活力,培养学生获取新知识、分析和解决问题、交流与合作的能力。

(三)制定均衡的高等教育资源配置政策

在重点大学和普通大学之间要实现教育资源配置的均衡。在建设和发展"985 工程"和"211 工程"重点大学的同时也要兼顾一般大学,着力改善一般大学的办学条件。还要针对目前不同区域间高等教育差距越来越大的现象,制定相应的区域高等教育政策,寻求不同教育资源在区域间配置之间的的平衡,增强区域高等教育发展的动力。科学合理地安排高等教育的学科专业布局,加强教学内容和课程体系创新。合理安排课程设置,高校的办学理念、专业与课程设置、教学模式要与社会需求相一致,培养与社会需求相符的人才。第一,在进行学科专业建设时依据"厚基础"原则构建培养本学科专业人才的基础知识、能力和素质结构。第二，在安排学科专业布局时要依据"宽口径"原则，拓宽学生的专业知识面，把专业设置从对口性向适应性改变，实行宽口径的专业教育，优化课程整体结构，拓宽专业课程交叉培养，增加弹性教学，提高教学质量，提高学生的综合素质，培养学生的科学全面发展，为社会提供高素质人才。第三，高校要抓住自身特色，合理定位，遵循差异性原则，建设优势学科，避免模式单一，合理配置教育资源，促进教育公平，促进高等教育科学发展。

（四）因材施教，树立以生为本的教学理念

因材施教就是根据不同学生的个性特点来进行不同的教育活动，通过对差异性的辨析制订出适合其特点的教学计划。教育公平的实质也不是使每一个学生都要获得同样的教育，而是使每个学生都获得"适合"自身的教育，这就是教育公平的"适合性"原则。我们要充分认识到学生是教育活动的主体，学生是发展的、独立的人，每个学生都有自己独特的个性，我们要做到在制订教学目标、教学模式、教学内容及教学方法等教学活动方面要坚持以生为本的教学理念，尊重学生的主体地位，充分挖掘学生自身的潜能，使学生的个性能够得到充分发展，塑造学生的健全人格，促进学生的全面发展，促进教育公平的实现。

（五）构建高等教育教学质量保证体系

高等教育教学的质量直接影响着人的全面发展，最终影响着经济社会的发展。我们要依据相应的政策法规建立高等教育教学质量保证体系，规范学科专业建设，避免重复建设和教育资源浪费，构建独立的有权威性的高等教育教学质量评估机构，加强对高等教育教学质量的监督，完善高等教育教学评估政策，充分发挥社会的监督作用，对高等教育教学质量进行监督。

总而言之，追求高等教育教学公平是促进高等教育公平的核心所在，也是促进高等教育创新发展的不懈动力。我们必须坚持科学发展观，继续深化高等教育教学创新，优化高等教育结构，不断提高高等教育教学质量，实现人的全面发展，最终促进高等教育公平的实现。

二、办学特色

（一）办学特色的内涵

高校办学特色就是一所大学在长期办学过程中形成的本校特有的和已经被社会认可了的，在某些学科领域方面优于其他学校的独特创新风貌和具有可持续的发展方式，具有稳定性、认同性、创新性、独特性和标志性。高校办学特色的内容主要包括学科特色、科研特色、人才培养特色和校园文化特色这四个方面。

教育部在《关于进一步加强高等教育本科教学工作的若干意见》中提出，要培养数以千万计的德智体美全面发展的高素质专门人才和一大批拔尖创新人才，突出提高人才培养质量的位置。办学特色正是高校质量的生命线，是学校追求最优品牌的实现。高校应以追求特色、打造优势为目标，促进办学水平的整体提升，使高校的办学特色更加显著，进而提高高等教育质量。

（二）办学特色的形成

1. 教育教学创新，培育办学特色

一所有特色的高校必定拥有自己独特的教育思想和教育教学，这种教育思想和教育教学能够在特定时空环境，指导着高校在办学发展的过程中的办学思想和办学理念，并能适应时代和社会对教育和人才培养的要求，符合教育思想和教育教学的创新要求，符合教育创新发展和社会进步的一般规律，能够促进教育发展方向、人的全面发展及人才培养过程的优化。教育教学的创新必将带来教育思想的转变，先进的教育思想必将促进先进办学思想的实践，包括新的办学目标、办学模式的重新定位标准，以及如何实现这一标准所采用的方法、途径及对此办学实践效果的综合评价。

2. 构建学科特色，促进办学特色

学科特色建设是促进高校办学特色形成的关键所在。学科建设作为高校培育人才、科学研究和服务社会三大职能的具体承担者，它的建设和发展水平程度对高校的人才培养、科学研究、专业建设和师资队伍等方面的质量有着重要影响，对高校的办学特色的形成有着强有力的支撑作用，并决定着学校的服务能力和水平及办学层次的提高。学科特色是高校办学特色中的标志性特色，是构成高等教育核心竞争力的重要组成部分。学科特色：第一，指特色学科，指某一特定的学科特色；第二，指学科结构体系特色，指由几个特色学科共同组成的学科特色。特色学科是学科特色发展的基础，学科结构体系特色是学科特色的扩展壮大，真正的特色学科具有不可替代性，是难以被模仿和复制的。高校在学科建设上不能盲目求"大"求"全"求"新"，更要求"精""尖"，要因校制宜地构建优势学科，发挥优势学科所附带的"品牌"效应，形成办学特色。

3. 发扬大学精神，形成办学特色

大学精神是一所大学内所有成员在长期办学实践中共同创造、传承、逐步发展起来的被大学所有成员共同认同而形成的一种精神理念。它反映了一所大学的历史文化传统及面貌状态，是大学的精神信念和意志品质的准确表达，是大学独特气质的精神形式和文明成果的表现，也是大学所有成员的精神支柱。大学精神犹如个人的品格，是大学最为核心和高度抽象的价值追求和行为规范，决定着大学的行为方式和大学发展的方向，是大学存在和发展的基石，是大学的灵魂和本质之所在。大学精神是大学保持永久活力的源泉，是大学优良传统文化的结晶，是大学在长期教育实践中积淀下来的最具典型意义的精神象征，体现了大学所有的群体心理定式和精神状态，展现了大学的整体面貌、风格、水平、凝聚力、感召力、生命力，最终凝聚形成大学独有的办学特色。高校的办学理念及办学实践应该有利于大学精神的形成和发展，并使之形成一种特色教育，经久不衰。

三、推进师资队伍建设

逐步取消高校行政级别，精简高校管理机构，压缩行政费用开支，使教师真正在高校中处于主导地位，同时进行师资队伍建设。百年大计，教育为本；教育大计，教师为本。

教师作为高校培养人才、传播知识的主体，是高等教育教学中的第一生产力。一所学校的办学理念、办学方针都需要依靠教师在教学过程中呈现出来。高校要依据自身的办学特色，造就一支具有足够知识储备、教学科研能力、创新意识和人格魅力的高素质教师队伍，把重点学科、特色学科带头人的培养作为学科建设的首要内容，加大对重点学科、特色学科带头人的引进力度，加快高层次创新人才培养，突出特色训练，形成明显的学科优势，促进学科发展，进一步提升在职教师的素质，提高高等教育教学质量。

　　建设一支高素质的结构合理的教师队伍对高等教育教学创新而言非常重要。建设一支优良的师资队伍是提高教学质量的关键所在，是实现高校培养人才目标的有力保障。随着高等教育教学创新的发展，我国已经初步形成了一支总体规模较适当、学科体系较齐备、综合能力不断增强的高校师资队伍，在数量和专业层次上都有了较大幅度的增长和提升，但是在整体结构、综合素质上依然存在一些不协调和不足之处，影响着我国高等教育教学创新的可持续发展。

（一）优化高校师资队伍结构

　　高校师资队伍的结构内容主要包括教师的学历、职称和年龄这几个方面，它可以更加直观地反映出教师队伍的质量、能力和学术水平的一些基本情况。这些年来，虽然我国陆续实施了"高层次创造性人才工程""高校青年教师奖""骨干教师资助计划""硕士课程进修"等多项高级资质队伍建设工程，但高校教师队伍的总体结构还存在着不合理因素。在高校教师的职称、年龄结构上，普遍存在着缺少中青年学术骨干教师、拔尖人才等高层次人才的问题。因此，我们要加大对骨干教师和优秀学科带头人的引进力度，强化高层次带头人队伍建设。对于高职称的学科、学术带头人、紧缺专业人才要给予一定的政策支持，根据学科发展的目标，有目的地吸引高层次人才，以确保高校师资队伍的职称结构比例合理；还要通过有效措施引进高学历人才，提高师资队伍的学历层次。加强本校优秀人才的培养和吸纳来自不同地区和高校的人才，引进与培养相结合，推动人才与资源的有效整合，以利于各学科专业教师整体知识结构的优化，最终促进高校师资队伍结构的协调发展。

（二）提高高校教师综合素质

　　高校师资队伍建设是高等教育教学创新发展的基石，它直接关系着高校教学质量的提高与否。高等教育的快速发展对高校教师的教育教学思想、知识结构、教学方法等综合素质提出了更高层次的要求：要求教师具有熟练应用现代信息技术和现代教育手段的能力，教学与科研的创新能力，理论联系实际的能力，将知识服务于社会的能力及良好的社会交往能力。要建设这样一支学术过硬、综合素质较高的教师队伍，我国的高等教育师资队伍建设任重而道远。提高高校师资队伍的综合素质要把师德建设放在首位。师德建设是师资队伍建设的基础，不断加强师德建设是全面贯彻党的教育方针政策的根本保证，是培养德才兼备的高素质的社会主义建设者和接班人的必然要求。在高校师资队伍建设中，要遵循"以人为本"的原则，牢固树立"师德兴则教育兴、教育兴则民族兴"的爱国主义教育教学，要求教师不断更新观念，用现代教育思想充实自我、完善自我，推进高校师资队伍建设，建设一支为人师表、作风优良、爱岗敬业、治学严谨、教学科研能力强的与时俱进的高素质教师队伍。

提高高校师资队伍的综合素质要重现教师教学素质的培养。教学是培养人才的直接途径，也是高校的主要工作，教师是教学的实施主体，培养教师的教学科研能力是提高教师教学水平的主要途径。要改变过去的只注重学历的提高而忽视教育教学能力培养的状况，既要注重教师专业学术水平的提高，也要重视教师教学水平的提高，要求教师掌握教育教学理论、教学方法及教学规律，增强教师提高教育教学水平的积极性和自觉性，还要强化教师对科研工作的重视，为教师提供进行科研创新的条件，提高高校师资队伍的科研能力、学术水平和教师职业化水平，以"特色专业——精品课程"建设和聘任重点学科带头人为龙头，加强重点学科带头人、学术带头人、学术骨干队伍建设，在部分学科领域形成独具特色的人才群体，致力于学术大师和教学大师的培养，带动师资队伍整体水平的提高。

总之，我们要把高校师资队伍看作一个整体，通过多种方式培养高校师资队伍的现代教育教学，提高教师的专业理论学术水平、教育教学能力、科学研究能力及科学文化素养，全面提升教师的教育教学功能、团队协作功能、科研开发功能及社会服务功能，使其掌握先进的教学、科研方法，并具有崇尚科学、勇于创新的开拓精神，具有为高等教育事业不懈追求的精神，为高校培养一支具有良好的职业道德、较强的教学科研能力和充满活力的高素质师资队伍，促进高等教育教学质量和水平的提高，促进师资队伍建设的良性循环，促进我国高等教育教学创新，为高等教育创新的跨越式发展奠定基础。

四、创新课程体系及教学内容

（一）课程体系创新

要优化和调整学科专业课程结构，因材施教，分层次教学、分类别培养，同时进行主辅修、双学位、定向培养、中外合作办学等多样化的人才培养模式，在满足不同基础学生学习的需求和发展需要的同时也能促进人才培养质量的提升。在课程结构上，打破传统的单一课程结构类型，即分科课程、国家（或地方）课程、必修课程，统一天下的局面。重新调整课程结构，优化课程体系。综合课程、必修课程和选修课程都要各自占有一定的比例，以"本科规格＋实践技能"为特征，重视学生的个别差异，坚持四个结合，即理论与实践、人文教育与专业课程教学、课内与课外、校内与校外相结合，构建一种合理的、适合学生发展的课程体系，最终培养学生具备两个方面的素质——文化素质与创新素质，提高四个方面的技能——基本技能、通用技能、专业技能和综合技能。

在高校基础课程教育上，构建综合基础教育体系，所有学科专业都开展国防教育、人文教育、自然科学基础、德育实践等基础知识培训。要构建综合实践体系，搭建公共实践平台，包括专业实验、实习、设计，毕业设计（论文），德育实践，科技文化实践、创新实践等。还要构建学生实践能力考核体系，对学生的综合实践能力进行考核。进行"创新课程"研究，转变理论基础。创新课程所依据的理论基础由心理学扩展为社会学、经济学、文化学、政治学和生态学等更具包容性的学科领域。创新不仅包括首次创造，而且也包括对他人所创造出来的成果的重新认识、重新组合和设计应用。创新课程并不是以学科的方式向学生传授一整套如何创新的知识、方法和策略，也不是以学生获取学科知识为中心，而是以综合实践的方式为学生提供相对独立的、有计划的进行研究性学习、设计性学习、体验性学习、实践性学习、反思性学习和生活性学习的学习机会，让学生从自己的现实社会生活中自主选择研究课题并通过对开放性、社会性、综合性和实践性问题的探究，形成自己独特的学习方式，培养学生的创新精神、探究能力、开放性思维、社会实践能力和社会责任感。同时，创新课程也是一种创新性理念，指在一种课程开发与实施的过程中除了独立的综合实践课程之外，原有的所有课程科目在具体实践中都要设置一些必要的干扰性因素，并通过课程内容的复杂性、模糊性来增加课程的难度，以培养学生的探究能力。

（二）教学内容创新

遵循"厚基础、宽口径、强能力、重质量"的复合型人才培养原则，重新规划和设计教学内容与课程体系。改变过去只在专业学科范围内设置专业课、专业基础课、基础课的"三级"课程编排方式，构建专业必修、专业选修、学科必修、公共必修、公共选修五大课程体系，对教学内容与课程体系进行重新规划和设计，根据学科专业普遍大类平行设计学科专业类课程、新公共基础课程、文化素质教育课程和实践性教学课程等较大教学课程内容体系，增加选修课，减少必修课，对公共课进行分级分类教学。

厚基础就是使学生熟练地掌握各个学科专业的基础理论、基础知识、基本技能，并能扎实地运用到实践中去，确保学生的知识基础，强化学生基础知识体系，打造精品课程。进一步加强学生基础理论、基础知识、基本技能和基本方法的学习与实践，进行优秀主干课程建设和基地品牌课程建设，重点建设基础较好、适应面广的学科专业基础课、主干课和专业课，使之符合国家精品课程建设标准。

宽口径就是拓宽学生的专业知识面，把专业设置从对口性向适应性改变，实行宽口径的专业教育，提高学生的综合素质，为社会提供高素质人才。在课程体系建设上，优化课程整体结构，拓宽专业课程交叉培养，提高知识质量，加强大学生文化素质教育，增加弹性教学，改变传统的教学计划。在"公共必修"课程之上可以设置"学科必修"课程，按照分类搭建课程平台，注重文理交叉，在课程体系中设置跨专业课程，强化专业渗透，为学生的宽口径发展搭建学科基础平台，优化学生知识结构，让学生根据自己的专业特长、兴趣爱好和发展趋向进行自由选择，进一步拓宽专业口径，培养大学生综合素质。

强能力、重质量就是从培养学生全面发展、提高学生综合素质出发，以分析、模拟、影视教学等基本形式展开实践教学，加强课堂内外的实践教学环节，并通过组织社会实践、社团活动、专业实习等实践活动培养学生的务实能力、操作能力，注重学生的人格塑造，充分挖掘学生的潜能，注重培养学生"从一般到个别"的解决能力，重点训练学生"从个别到一般"的调查分析能力，帮助学生养成可行性分析的良好思维习惯，使培养出的学生具备强能力、高质量。

（三）注重实践教学

开展实践教学，要求学校通过开拓各种有效途径为学生搭建实践平台，建立一批相对稳固的课内外学生实习和实践基地，并积极组织学生进行社会实践、调研、实习等活动，逐步培养大学生的敬业精神，培养他们艰苦奋斗的精神和坚韧不拔的意志，有计划、有目的地推动大学生自觉自愿地加强职业道德素养。逐步培育大学生的实践创新能力，积极支持大学生创新创业活动，致力于大学生创新素质的发掘和培养。创新素质主要包括创新意识、创新精神和创新能力三个层面的内容。在一个创新型国家的建设进程中，这种全新的创新素质正逐渐成为大学生在就业市场竞争中的核心竞争力。

五、教学模式和方法创新

（一）教学模式创新

人才的培养是一个复杂的系统工程，必须不断探索其内在的规律，创新旧的不合理的教学模式，认真细致地研究教学，研究其内在的多重因素：教学理念、教学内容、教学方法和教学模式等，进而掌握教学的规律。因此，我们提出了"教学民主"的教学观念，对传统的教学模式进行创新，开创研究性教学、开放性教学和互动性教学等一些能够体现"教学民主"的经典的教学模式，充分发挥学生的主体性地位，激发学生的主动参与意识，开发学生的学习潜能，创设民主、和谐的学习氛围，指导学生学会学习，在教学中建立一种和谐的师生关系，充分调动学生学习的自发性和积极性，保证学生和谐、全面地发展。

1.推广研究性教学，培养学生的创新意识

教学从知识传递向注重能力培养的转变，必然要求教学方式方法的变革，推进研究性教学正是深化教学创新的重要路径，也是研究型大学人才培养的一个基本特征。研究性教学是一种将教师自身的研究思想、方法和最新成果引入教学过程的教学模式。通过研究性教学，使教学建立在科研基础上，科研促进教学的提高，教学与科研互动并向学生开放，从而引导学生在参与教学过程中步入科研前沿，激发学生主动思考、主动探索、主动实践的创新意识。研究性学习的过程是情感活动的过程，通过让学生自发地参与探究性学习活动，获得亲身体验，逐步形成一种在日常生活和学习中勇于探索、努力求知的良好习惯，从而激发探索和创新的积极欲望。研究性学习的过程就是一个探索的过程，在一个相对开放的环境中寻找问题和探讨解决问题的过程。通过这一过程，可以培养学生的思维能力，培养学生发掘和解决问题的能力，使学生掌握一定的科学的学习方法，增强学生对资料的收集能力、分析能力、总结能力，以及学会运用多种有效手段、多种途径获取信息都有积极的推动作用。研究性学习的过程是一个互动的学习过程，在这个互动的学习过程中离不开学生与团体、学生与学生之间的沟通与合作，可以说研究性学习为学生提供了一个人际沟通与合作的良好空间，为学生分享研究资料、学习信息、创意和研究成果及发扬团队精神提供了一个很好的交流平台，帮助学生学会合作，发现问题，克服困难共同解决问题的能力。研究性学习的过程也是一个实践的过程，要求学生从实际出发、实事求是，尊重他人研究成果，严谨治学，积极进取。研究性学习的过程也是一个培养学生全面素质提高的过程，通过学习实践加深了对科学的认知以及科学对自然、社会的积极意义与价值，使学生懂得思考国家、社会、人类与世界共同进步、和谐发展的伟大命题，在培养学生的创造能力和实践能力之余还培养了学生形成积极的人生观、价值观。而且，研究性学习过程也为学生提供了综合运用各门学科知识的机会，加深了学生对学过知识的重新记忆，加强了学生知识的生活化，进行开放性教学，培养学生的积极参与能力及自主创新能力。开放性教学是为了鼓励学生主动积极地去探究知识规律，对传统教学过程中影响学生发展的不合理因素进行创新，从而培养学生自主创新性学习能力的新型教学。开放性教学的主要思想理念在于以学生的发展为本，通过教学目标、教学方法、教学内容及整个教学过程的开放，从传统的封闭式课堂教学走向开放式教学，充分发挥学生的主体作用，让学生自己掌握学习主动权，自己去探索、发现，培养学生的创新能力。在开放性教学中，教师不能仅仅拘泥于教材、教案的内容，要给学生提供充分发展的空间，创设有利于学生自主发展的开放式教学情境，根据学生的发展状况不断调整教学过程的每一个环节，激发学生学习的动力，促进学生在积极主动的探索过程中健康、全面、和谐地发展。开放性教学不只是一种教学方法、教学模式，它还是一种教学理念，它的根本目的是让学生的创新潜能得到充分发展，以开放的教学活动过程为路径，以最优教学效果为最终目标。

2.开创互动性教学，提高教学质量

互动性教学就是在教学过程中充分发挥师生双方的主动性，师生之间进行相互交流、相互探讨，促进师生共同发展，最终优化教学效果共同完成教学目标的一种教学模式。互动性教学可以活跃课堂气氛，而且能够及时反馈学生的学习进度及掌握知识的规律。互动性教学包括教与学的互动、教学理念的互动、心理的互动以及形象和情绪的互动等。互动性教学是一种富有生命力的创造性教学，有着现代性、互动性和启发性的特点，它不同于传统的教学模式，也不同于放任学生自由学习的教学模式，它要求教师按教学计划组织学生系统地、有目的地开展学习，并要求教师按学生的发展要求有针对性地因材施教，促进教师努力探索、学习，不断提高自己的专业水准和教学水平，同时激发学生学习的积极性，促进学生个性的发展，提高教学效果和效率，最终提高教学质量。互动性教学以学生为主体，以教师为主导，提倡师生平等的沟通、交流，让学生在没有压力的情况下轻松自由地学习，让学生参与教学计划、教学决策，有利于培养学生自主学习和主动学习的能力及创新学习的能力。

（二）教学方法创新

进行高等教育教学创新要注重教育思想理念的更新，要符合经济社会发展的需要，要吸取国内外教育专家的理论和经验，要坚持理论联系实践。教师要树立大教学观，积极推进实践性教学，处理好知识教学与技能培训之间的关系，把练习、见习、实习、参观、调查等环节全部纳入教学范畴，使学生在实践中学会学习、掌握知识，在实践中培养解决问题的能力。

1.启发式教学法

启发式教学法就是根据高等教育教学的目的、内容、学生的学习进度、知识规律和现有知识水平，采取各种教学手段，对学生通过启发、诱导的方式进行知识传授、培养能力，促进学生主动学习的一种教学方法。启发式教学法是以教师为主导、学生为主体的一种科学、民主的教学方式，它能激发学生的学习主动性和积极性，激起学生的求知欲和探索欲，让学生开动脑筋、积极思考、大胆质疑、主动实践，并在教师的引导下带着问题进行学习研究，找出解决问题的办法，以达到掌握知识的目的。启发式教学法不只是一种简单意义上的教学方法，它更是一种教学理念。因此，为了激发学生的求知欲，为了提高学生的学习兴趣和探索的欲望，以及对学生创新思维的培养，教师应当遵循大学生的认知心理规律，充分考虑学生思维的特性，采用启发式、研究式的教学方法训练学生的思维，从感知和直观开始，不断引出问题，不断创造背景，紧紧把握学生思维的火花，循序渐进，启发并改进学生的思维方式、学习方法，让学生在不断地探索研究过程中学习，增长知识，训练思维，由被动学习转变为主动学习，最大程度地开发学生学习的潜力。

2. 实践式教学法

实践式教学法就是以边讲边练的方式在实践基地中讲授理论课，通过理论与实践相互结合的方式促进师生共同完成教学任务的教学方法。在教学过程中要着重培养学生的学习能力，培养学生获得知识和运用知识的能力，把教师的讲授、辅导过程和学生的自学过程结合起来，把科学研究引入教学过程，培养学生的研究能力和创新意识；指导学生积极参加社会实践，进行社会调查与研究，在实践中学习知识；鼓励学生进行探索创新。教师讲授时要重视知识的集约化、结构化，让学生重点掌握学科的基本知识、基本结构与基本方法，并运用现代化科学技术逐步提高教学手段，提高教与学的效率，改进考试方法与教学评价制度，激发教师的教学积极性和创造性，促进学生自发地、主动地学习。在进行教学计划的过程中，教师作为学生学习过程的组织者与协调人，要精心创设情境，根据预定学习任务来制定教学内容，制定一些来源于实践活动的综合性学习任务，然后引导学生独立确定目标，让学生从一开始就参与到教学过程当中，制定学习计划并逐步实施和评价整个过程，形成实践与学习相结合的教学方式。在整个实践教学过程中，教师可以采用讨论式教学法，以及案例教学、项目教学等多种教学方式，激发学生的兴趣，培养学生独立思考的能力以及解决实际问题的能力，培养学生的科学精神、创新意识和独立人格。

不管采用何种教学方法，传授知识、培养能力、提高素质这三者在高等教育创新中都是有机的统一体，也是高等教育教学创新的最终目的，我们要通过教学方法的创新把这三者有机地贯彻到高等教育教学过程中去。我们要树立新的高等教育教学思想：教师要在充分发挥指导作用的同时抽出足够的时间和精力致力于科学研究，学生能够自由独立地进行学习、思考及探索所需要掌握的知识（理论和实践），做到教学相长，教法与学法相互联系与作用，共同促进教学效果和教学质量的提高。

总之，在高等教育教学创新中要针对学生的实际情况并结合以上教学方法，才能够提高学生的综合素质，才能进一步提高学生的学习积极性，才能培养出具有一定理论知识和较强实践能力的实用型人才，才能更好地服务于社会。21世纪是全球化的时代，是知识经济的时代，我们要建设高水平高质量的大学，必须树立现代教育教学，坚持以生为本，推动大学教学培养模式、教学内容、教学方法的创新，才能更好地适应高等教育发展的需要，为科教兴国、依法治国服务。

六、重视大学生文化素质教育

大学生文化素质教育是大学高质量人才培养的重要组成部分，是我国高等教育教学创新的一个重要方面，要将文化素质教育始终贯穿于大学教育的全过程，进而实现教育的整体优化，最终达到教书育人的目的。大学生的基本素质包括文化素质（含思想道德素质）、专业素质和身体身心素质。其中文化素质是基础，文化是人们所创造出来的物质和精神的成果，是人的活动的对象化、物化，是人观念存在的形式，是超越个人的实物形态或观念形态。一种文化一旦被创造出来，就不再受时间、空间、个人的限制，就会被广泛地传播和使用。文化素质，就是人们所拥有的所有文化知识在内在的积淀，文化素质对于人们的人生观、价值观的形成具有基础性的决定作用，并最终成为行为的指导规范，同样，人们已有的人生观、价值观也会反作用于文化素质。提高大学生素质教育，主要是指文化素质教育及创新精神、实践能力的培养。文化素质教育重点指人文素质教育，主要是通过对大学生加强文学、历史、哲学、艺术等人文社会科学、自然科学方面的教育，以提高全体大学生的文化品位、审美情趣、人文素养和科学素质。

（一）提高大学生文化素质教育的目的和意义

国家要发展，经济是中心；经济要振兴，科技是关键；科技要进步，教育是基础。由此可见，教育在我国发展中的作用和地位，是重中之重。在发展过程中，需要主体——人，是有知识、有文化、有创造力的人，进行社会发展和变革，因此，发展最根本地又被归结为人的发展。高等教育，主要是培育有知识、有文化、创新型人才，高等教育能够产生新的科学知识、新的生产力。高等教育的三大职能之一，是发展科学，高等教育在传输知识、培养人才的同时，亦创造新的科学理论。高等教育所培养的不同专业、不同层次的各种文化素质人才在社会生活各领域的作用，将直接、间接地影响全社会的可持续发展，可持续发展的教育观念即是应从全社会可持续发展的角度来审视教育的创新与发展。在高等教育中，我国已从办学体制、投资体制、管理体制、教育教学、招生就业、考试制度等方面进行了多层次的改革创新，已经逐步走上了一条可持续发展的新的道路。当然这条道路并不平坦，在进行创新的过程中会有诸多的问题凸现出来，其中，提高大学生文化素质教育，显得尤为重要。

（二）观念变化对大学生文化素质的影响

我们生活的时代正处于急剧变革的社会转型时期，人们的生存方式和形态也随之发生了历史性的变化，这一变化深刻而广泛地改变了社会背景和机制，进而使道德的权威性与制约作用受到了很大的影响，甚至呈现出一定程度的弱化。价值观是人们对人和事的评价标准、评价原则和评价方法的观点的体系。它具体表现为信念、信仰、理想和追求等形态。一定的价值观反映着在一定生产关系条件下人们的利益需求，决定着人们的思想取向和行为选择。在经济日益全球化的今天，经济的迅速发展，物质的极大丰富，也在刺激着大学校园，大学生作为最敏感的社会群体之一，其价值观也随之不断变化。

文化观是一个人对待文化的态度。我们要树立正确的文化观，不狂妄自大，不妄自菲薄。合理对待外来文化，不一概排斥，但也绝不崇洋媚外。

（三）提高大学生文化素质的途径

提高大学生文化素质教育，必须将文化素质教育贯穿于大学教育的全过程，要求培养出的大学生具备人文科学素质、自然科学素质，具有较强的综合能力，如观察分析能力，研究思考能力，语言、文字表达能力，决策能力，组织能力，处理复杂关系的能力以及应用计算机和现代信息技术进行学习、工作和生活的能力，从而实现教育过程的整体优化，最终实现教书育人的目的。提高大学生文化素质，必须从以下几方面做起。

（1）高等院校必须转变教育观念，必须进一步加大教育教学创新力度，建立科学的课程体系，创新教学内容和教学方法。第一，转变教育思想和更新教育观念。第二，构建科学的课程体系，进行教学内容和课程体系创新，充分发挥以课堂教学为主体的导向作用。总的来说，要全面提高大学生的科学素质与人文素养，在具体教学过程中，应强调人文与科学的自然渗透与融合，必须包括文、史、哲、自然科学等各多学科门类的知识内容来构建多学科交叉的高校课程体系，为培养大学生科学素质和人文素养，提供广博而深厚的文化底蕴。强调课程体系的科学性，使大学生通过各种必修课和选修课的学习和探索，形成合理的知识结构和深厚的知识基础。

（2）高等院校必须提高教师队伍质量，使教师的科学素质和人文素质全面提高。教育工作者要发扬严于律己、以身作则、率先垂范的优良工作作风，自觉自愿地做到诚信、肯学、肯干，带头实践我们所提倡的道德标准、价值观念和理论要求，真正起到教育和带动广大学生的领头作用，只有这样，才能真正提高和发挥社会主义核心价值体系中教育工作的说服力、吸引力和感染力。

（3）必须创新人才培养模式，把知识、能力和素质三者有机地结合起来，始终贯穿于大学教育的全过程，使大学生在这三个方面获得和谐的、同步的提高，以期造就出高素质的全面发展的人才。要培养大学生拥有良好的文化素质修养，不仅是传授和灌输文化知识，而且要教给他们获取知识的方法和技能，在获取知识的同时，让能力得到充分的发挥，个人素质得到充分提高，这才是教育创新的最终目的，这才是教育的真正目的。

七、实现人力资源强国战略

实施人力资源强国战略，关键在于建设高等教育强国。人才优势是最大的优势，人才开发是经济社会发展的重要推动力，这一论断深刻地表明了人才资源在经济社会发展中的基础性、决定性和战略性作用。

高校的职责就是为建设高等教育强国提供强有力的人才保障和科技支撑。当前，我国高等教育已经实现了跨越式的发展，成为一个高等教育大国，但是要想建设成为一个人力资源强国，必须以人为本，从创新教育观念、突出高校办学特色、深化高等教育教学创新和完善体制等方面全面推进高等教育创新，才能将我国从人口大国建设成为人力资源强国。我国必须在全面建设经济型社会的同时全面建设学习型社会，强化高等教育人力资本投资，使我国高等教育人力资源的结构更加合理、总量更加充足、质量更加提高、体系更加完善，最终带动全体人民的学习能力和就业能力的发展，提高人民的整体素质和综合能力，使我国从教育人口大国迈向人力资源强国。

第四节　高职教育教学创新的策略

一、树立终身教育的教学理念

终身教育、终身学习的思想是近代以来各国教育界乃至思想界的热门研究课题之一，构建终身教育体系、创建学习型社会也逐渐成为联合国及世界各国，指导教育改革和社会发展的基本理念。终身教育论者认为，教育具有时空的整体持续性，即教育与学习"时时都有，处处皆在"。传统教育往往将人的一生分割为三个时期，即学习期、工作期和退休期。终身教育则冲破传统教育的观念，认为教育应当包括人的发展的各个阶段及各个方面的教育活动。终身教育、终身学习，已经成为我们的教育和社会理想，建立和完善终身教育体系，已成为我们义不容辞的职责。因此，要树立终身教育的教学理念，将各类教育形式进行有机结合，合理配置，创新高等教育的教学模式。高等教育肩负起发展终身教育的重任，依据社会的发展，职业的需求搞好高等教育、岗位培训、知识更新教育和继续教育，尽可能满足社会和经济发展勇于进取各种人才的要求。

我国高职教育要由封闭办学转为开放办学，要大力发展远程教育和网络大学，实行"宽进严出"政策，向每一个人提供接受大学本、专科水平的高等教育。要充分利用高等学员是社会主义经济建设当班人这个得天独厚的优势，与企业、社会建立更为密切的关系，把学校办成教学、科研和经济建设的联合体，提高高等教育在市场经济条件下的办学效益和造血功能，使高等教育在自身发展壮大的同时，进一步提高为社会服务的功能。还要有强烈的国际意识，推进和发展高等教育的国际交流与合作，大胆吸收和借鉴世界高等教育的成功经验，使我国的高等教育建立起一个面向社会、放眼世界、兼收并蓄、博采众长的开放体系。

二、拓展德育教学的教学模式

从职业发展理论来讲，高等教育在德育教学上的缺失，将严重影响职场个体的职业发展精神和职业道德素养的培育。但是高等教育对象的特殊性，决定了学员的德育教学的艰巨性、复杂性，一般意义上的德育教学很难收获令人满意的效果，高等德育教学也成为高等教育中最为薄弱的环节。因此，创新基于职业发展理论的高等教育教学模式，应当积极拓展高等教育中的德育教学这一重要组件。

（一）拓展德育教学的内容结构

现代德育是以社会现代化、人的现代化为基础，以促进人的现代化为中心，进而促进社会的现代化的德育。现代德育必然要反映现代社会中人自身德性发展的要求；反映现代社会发展的要求。因此，围绕高等德育内容的构成上，应该更具广泛性、现实性。职业道德是衡量一个从业者道德水平高低的重要标尺，它影响和决定着人们劳动的态度和方向，成为决定劳动者素质水平的灵魂，在高等教育内容中居于核心地位。在现实社会生活中，人们对于国家政策法规的认识了解还尚未得到普及，甚至存在着无知和漠视，经常出现行为过失，市场经济条件下更应当强调法治意识，运用政策法规来规范社会秩序，维护正当权益，这已经成为高等德育教学的必修内容。另外，高等德育不是向受教育者灌输一些既有的道德知识、道德规范，而是要指导受教育者运用科学先进的价值理念学会判断、学会选择、学会创造。随着科技、经济、社会的不断发展，人们的生活方式、价值观，包括道德观念、道德准则不断变化，原有的某些道德观念、道德规范有可能过时，不可避免地需要提出一些新的道德准则和规范。

（二）拓展德育教学的教学形式

拓展德育教学的教学形式必须充分利用现有教学资源和条件，选取在教学中已经成形的教学方法和模式，进行拓展延伸。

1. 应当充分运用课堂教学，实施德育

课堂教学是学员学习的主要形式。在课堂德育教学实施过程中，根据高等学习的特点，在教学计划和教学内容上，都要提出特殊要求，教育内容应该根据市场经济的形势，适时调整德育目标。教育过程中要坚持先进性和普遍性相统一的原则，立足市场经济的实际，提倡"为己利他"的道德建设目标，把"利己不损人"作为道德底线，并且把健全的人格塑造放在德育工作的首位。同时，注重发挥学员主观能动性，强化课堂师生双向互动，创造轻松、活泼的德育氛围，保证对学员实施有效的德育教育。总之，无论课堂内外，德育目标和德育重点应在学员健康人格的塑造上，使学生明了道德建设是人格修养不可或缺的一部分时，他们才能接受我们的教育。

2. 利用多媒体教学，强化德育教学效果

传统的授课方式无法满足现代高等教育德育教学的需要。因此，在德育教学过程中，要克服枯燥的德育灌输，代之以鲜活生动的实例来感染学生。通过学生自主的情感判断来塑造道德榜样，唤起对道德善行的崇敬之情，在纷繁复杂的社会现象中找到自己的道德归宿。重现现代教育技术的充分运用以及信息技术与学科资源的整合。充分利用电影、电视、教学录像等信息化、电子化、智能化的多媒体教学手段，借助于这些灵活多样、内涵丰富的声、光、图像等教学形式的直观冲击力，增强学员的兴趣，使学员的认识更加深刻，产生事半功倍的理想教学效果。此外，可以利用函授及远程教学发挥网络教学的优势，拓展德育教学空间，克服高等教育教学时空上的局限性，整合课堂教学和多媒体教学的优势，充分发挥网络资源在教育教学中的作用；借助网络实施网络教学，可以将专家、学者的精彩专题报告、德育教学录像制作成教学辅导光盘在教学辅导网站上和有条件的教学点进行播放。这一生动、灵活、便捷的德育教学形式克服了高等教育时空上的制约，发挥了网络便捷、高效、涵盖广、辐射面大的优势，最大程度地拓展了德育教学空间，为广大学员提供了全天候德育教学服务。

（三）拓展德育教学的评价体系

基于高等教育的特殊性，高等学习者的德育考核评价有别于其他一般的考核，具有自身的特殊性。因此，凡是列入教学计划的内容，可以通过知识考试的手段进行考核评价；对于学员的思想观念的考察，可以通过日常管理中的操行鉴定来考核评价；对于学员的行为考核主要由学员工作单位出具考核鉴定和进行跟踪问卷调查。另外，为了充分激发广大高等学习者的积极性，鼓励他们在思想上、学习上积极进取，可以建立评优奖励制度，进行精神和物质奖励。对表现差的学员进行批评教育。通过长期的探索，以及多年以来高等教学的实践，制订一系列评判原则和标准，建立以职业发展为基础的高等教育德育教学全方位评价体系。使德育从禁锢人的头脑、抑制人的主动性和创造性的灌输性德育，转向开放性的、激发学员自主创造潜能的发展性德育。

（四）拓展德育教学的管理网络

高等教育的德育教学是一项复杂的系统工程，必须要同时动员主办学校、学员家庭等全方位参与，才能实施有效的组织管理。主办学校根据国家的有关规定，结合高等教育的特点，制订德育教学计划，科学、规范、可行的评价考核标准及考核措施，如班主任配备、班级临时党、团支部活动安排等，负责德育教学的实施和知识考核。学员居住的社区和学员所在单位承担着对高等学习者的平时监督、检查的作用，负责平时的思想教育。高等学习者所在单位具体负责学员日常行为、思想观念等方面的鉴定意见。通过三个环节的协调一致，才能形成高等德育教学的组织管理网络。

三、确立多元化的教学模式

创新基于职业发展理论的高等教育教学模式，需要以高等教育学员的职业发展需求为导向，来设计多元化的教学模式，创造一种超越时空限制的弹性化学习机制。确立多元化的高等教育教学模式，必须体现高等特点并以高等的生活、需要与问题为中心，突出能力培养与多种教学范式综合运用的教学活动与形式。新的教学模式应强调个体的思维能力和动手能力，而非仅仅学习基础知识；强调创新性解决问题的能力；强调培养学生面对快速变革的职业生涯和多元的价值取向所应具有的包容能力和理解能力。

在课程建设目标上，要更加强调综合能力和建立在个性自由发展基础上的创新能力，以克服与全球知识经济发展相悖的"知识本位"课程设置所导致的知、能脱节之顽症。在教育建设中注入科学精神和人文精神，以滋养和陶冶学员的性情，帮助其顺利走上职业发展道路。按照教学对象的细分，我们可以把多元化的教学模式分为学员为脱产生的教学模式、学员为业余生的教学模式和学员为函授生的教学模式。

在具体的实践中，确立多元化的教学目标应关注以下几点：第一，确立多元化的教学模式应突出学员的能力培养。函授生、业余生来源于生产、服务、管理第一线，具有较强实践工作经验，但理论知识相对较缺乏，因此需要通过专业知识的学习与深化，强化理论知识与实践的结合，培养专业技术知识的综合运用能力，而脱产生的学习目的是适应市场变化新形势，通过学习找到较满意的工作。因此，高等教育教学模式必须体现以高等需要为中心的"突出能力培养"的目标；第二，应鼓励跨时空的教学形式。高等教育学生的工学矛盾突出，文化基础差异较大，这为教学组织和教学质量的提高增加了困难。而以网络为基础的教学手段则有效地解决了以上问题，因为，网络教育不受时空限制，从而为成教学生提供了跨时空的学习环境。网络教育作为一种教学补充，有利于基础较差者的知识补充。因此，多元教学模式必须具备"虚拟学习环境与学习社区"功能；第三，确立多元化的教学模式，应转变教育观念，改革和创新教学方法，采用适合于高等心理特点和社会、技术、生活发展需要的教学方法。

四、引入校企合作的教学模式

在高等教育过程中，由于高等学员身份的特殊性，他们往往要担负学习和工作的双重压力，难以在二者之间恰当地分配时间、精力，形成较难解决的工学矛盾。另外，就职业发展理论而言，高等教育教学模式必须考虑到学员的职业发展需求是以学习专业理论和专业技能为主。为了找到学习和工作之间的平衡点，并提高成教学员的实践动手能力，有必要引入校企合作的双元制教学模式，以夯实学员的职业发展道路。

（一）建立校企联动机制

合作的前提是信任和需求，关键是寻求联动的结合点，否则难以形成合力。校政企联动的逻辑起点应该是"发展"。学校发展主要体现在人才培养，政府（社会）、企业发展需要人才，"人才"就成为双方或多方联动的结合点。要让学校、政府、企业围绕人才培养走到一起，必须建立有效的联动机制，包括管理制度和运行模式。必须建立以现代信息技术为依托的网络交流平台及信息员联络制度和信息发布制度，畅通对外宣传和信息沟通渠道。

（二）规范校企管理模式

双方或多方合作，必须以合同或协议的形式建立一种有约束力的办学关系，明确双方责任与义务，从而保障合作的有效性和规范性。同时，必须充分尊重高等教育规律和高等学员特点以及政府、企业的实际需要，建立以主办学校为主、政府和企业参与的教学管理制度，共同商议、决定重大事宜，合理安排各教学环节，确保教学质量，达到规范性与灵活性的完美结合。在办学实践中，我们实行的是项目管理，即由学校高等教育主管部门和企业、政府负责人组成项目管理组，共同研究制订培养计划、管理制度并组织实施。在具体的教学实施过程中，校政企各方展开紧密合作，及时掌握教、学情况，有力地保证了人才培养质量。

（三）合理设置培养目标与教学计划

高等教育培养适应生产、建设、管理、服务第一线需要的德才兼备的应用型高级专门人才。要实现这个培养目标，关键是要制订一个以较高层次的技术应用能力为主线的培养方案，构建科学、合理的课程体系，确定学以致用的教学内容及与学员的职业发展，从业岗位密切相关的实践教学环节。因此，必须彻底改变过多地沿袭普通高等教育的人才培养模式，建立"学历＋技能"的学科课程与技能培训相结合的课程体系。学员来自各行各业生产、管理、服务一线，有的还是管理和技术岗位骨干，对职业、技术及其所需知识有着深刻的认识；学员所在单位和部门也希望自己的员工能学有所获、学有所成、学以致用。因此，我们在制订教学计划时，应该充分利用学员及其所在单位这一珍贵资源，让学员和社会各界充分参与到教学计划制订和课程设置中来，使教学计划、教学内容更具针对性和实用性。实践证明，高等教育校政企合作人才培养模式是一种多方"共赢"的人才培养模式，也是高等教育事业可持续发展非常有效的一种模式。随着科技、经济、社会的持续快速发展，它必将拥有一个美好的前景。

参考文献

[1] 崔金辉 . 高校教育管理创新与发展研究 [M]. 天津：天津科学技术出版社 ,2023.04.

[2] 于威 . 职业教育经济管理类新形态系列教材商品学基础 [M]. 北京：人民邮电出版社 ,2023.04.

[3] 单林波 . 高校教育管理体系构建研究 [M]. 北京：首都师范大学出版社 ,2022.10.

[4] 左媛媛，刘红军 . 教育管理理论与实践 [M]. 长春：吉林出版集团股份有限公司 ,2022.09.

[5] 郝福锦 . 大数据技术在高校教育管理中的应用研究 [M]. 中国原子能出版社 ,2022.09.

[6] 周珊珊，朱坚真，刘汉斌 . 海洋经济管理教育教学创新模式研究 [M]. 广州：中山大学出版社 ,2022.09.

[7] 劳蕾蕾，高慧，刘圮莎 . 职业教育管理理论与实践研究 [M]. 延吉：延边大学出版社 ,2020.05.

[8] 兰琳 . "主体教育管理理论"下的高等职业院校教学管理工作实务 [M]. 吉林出版集团股份有限公司 ,2020.04.

[9] 方俊 . 企业管理与职业教育融合发展理论研究 [M]. 长春：吉林科学技术出版社 ,2020.

[10] 魏慧 . 职业教育实训室建设与管理 [M]. 徐州：中国矿业大学出版社 ,2019.10.

[11] 张俊峰，邓璘 . 职业教育与学生管理 [M]. 长春：吉林文史出版社 ,2018.11.

[12] 汪炎珍 . 现代职业教育背景下的高职院校财务管理模式研究 [M]. 长沙：中南大学出版社 ,2018.09.

[13] 刘海英，秦永丰，伊水涌 . 职业教育管理与就业 [M]. 长春：吉林大

学出版社 ,2018.05.

[14] 陈海峰 . 职业教育实训基地建设及运行管理机制研究与实践 [M]. 北京：开明出版社 ,2018.04.

[15] 石令明 . 基于卓越绩效模式的职业院校教育教学质量管理体系创建与操作实务 [M]. 桂林：广西师范大学出版社 ,2018.04.

[16] 王海平 . 职业教育管理创新实践 [M]. 北京：中国人民大学出版社 ,2017.10.

[17] 陈秀艳 . 基于就业导向的高职教育管理理念创新路径 [J]. 中国科技期刊数据库科研 ,2023(4):4.

[18] 曹留成 . 高职教育管理工作创新研究 [J]. 中学政治教学参考 ,2022(7):2.

[19] 俞菲凡 . 现代学徒制在高职院校的建设管理 [J]. 现代教育论坛 ,2022,5(3):90-92.

[20] 朱帅 . "信息系统三大能力" 在高职教务管理系统中的运用 [J]. 佳木斯教育学院学报 ,2021,037(008):155-156.

[21] 阮耀宏，杨洁，刘丹丹 . 浅谈 5G 时代背景下高等职业教育教学与管理模式发展 [J]. 电脑知识与技术 ,2021,017(008):135-136.

[22] 陈丹 . 探索高职教师继续教育管理 [J]. 消费导刊 ,2020,000(007):294,296.

[23] 曾汀汀 . 校企合作背景下高职教育管理现状分析 [J]. 哈尔滨职业技术学院学报 ,2023(1):15-18.

[24] 陈江虎 . 就业导向下的高职教育管理理念创新策略分析 [J]. 中国科技期刊数据库科研 ,2023(3):4.

[25] 夏培惠 . 高职院校学生管理与创新创业教育的结合探究 [J]. 创新创业理论研究与实践 ,2023(5):4.

[26] 李春艳 . 高职院校教育教学管理方法改革研究 [J]. 江西电力职业技术学院学报 ,2023,36(2):59-61.

[27] 蒋艺 . 论思政教育模式下高职院校学生管理策略 [J]. 中国科技经济新闻数据库教育 ,2023(5):4.

[28] 陈雨 . 高职院校教育信息化管理的思路与对策 [J]. 知识窗 (教师版),2023(1):3.

[29] 周璨 . 基于人工智能的高职院校教育教学管理优化策略探索 [J]. 通讯世界 ,2023,30(1):58-60.

[30] 林艺娜 . 新时期高职图书馆教育管理的创新方法探讨 [J]. 移动信息 ,2023,45(2):193-195.

[31] 李晓月 , 赵辉 . 高职院校学生管理与德育教育创新探析 [J]. 辽宁师专学报 : 社会科学版 ,2023(2):125-127.

[32] 赵雪 . 高职院校继续教育学生管理工作现状分析与对策探究 [J]. 河南教育 : 教师教育 (下),2023(5):42-43.

[33] 王宁雯 , 张翔志 . 高职院校思政教育与学生管理的融合与实践 [J]. 食品研究与开发 ,2023,44(11):I0016.

[34] 付翊 . 教育信息化背景下高职院校课堂管理转型跃迁的策略研究 [J]. 产业与科技论坛 ,2023,22(4):229-230.

[35] 王亚楠 . 产教融合背景下高职学生教育管理的特点 , 困境及出路分析 [J]. 中国科技期刊数据库科研 ,2023(4):4.

[36] 潘尚瑶 . 加强高职院校行政教辅党员教育管理工作的路径研究 [J]. 湖北开放职业学院学报 ,2023,36(3):149-150.

[37] 张博 . 双高背景下高职院校教育教学管理模式改革及实践创新 [J]. 中国科技经济新闻数据库教育 ,2023(4):3.

[38] 刘雪妮 . 网络时代背景下高职辅导员推进学生教育管理的困境及对策研究 [J]. 产业与科技论坛 ,2023,22(4):245-247.

[39] 孟佑文 . 教育生态学视角下高职院校教学管理方略探究 [J]. 湖北开放职业学院学报 ,2023,36(6):56-57.

[40] 赵洁 . 创新创业教育与高职旅游管理人才培养融合研究 [J]. 旅游与摄影 ,2023(2):3.

[41] 刘洋 . 基于大学生政治认同的高职院校意识形态教育探析 [J]. 农场经济管理 ,2023(4):56-58.

[42] 苏晓勤 . 基于创新创业教育的高职工商管理人才培养路径探析 [J]. 就业与保障 ,2023(1):3.

[43] 金竺 . 高职旅游管理专业教育教学课程改革与实践研究 [J]. 新课程研究 ,2023(12):29-31.

[44] 卢嘉怡 . 基于 OBE 教育理念的高职院校财务管理课程教学改革研究 [J]. 知识窗 (教师版),2023(3):3.

[45] 包小波 , 田冲冲 . 高职教育有机化学课程教学方法的改革 [J]. 化工管理 ,2023(3):22-25.